影响世界500强企业的101个经典管理定律

王辉 编著

中国商业出版社

图书在版编目（CIP）数据

影响世界500强企业的101个经典管理定律／王辉编著．
—北京：中国商业出版社，2017.8

ISBN 978-7-5208-0037-2

Ⅰ.①影… Ⅱ.①王… Ⅲ.①企业管理—研究 Ⅳ.①F272

中国版本图书馆 CIP 数据核字（2017）第 223698 号

责任编辑：武文胜

中国商业出版社出版发行
010-63180647　www.c-cbook.com
（100053　北京广安门内报国寺1号）
新华书店经销
三河市华润印刷有限公司

★　★　★　★　★

710×1000 毫米　1/16　14 印张　200 千字
2018 年 6 月第 1 版　2018 年 6 月第 1 次印刷
定价：39.80 元

★　★　★　★　★

（如有印刷质量问题可更换）

前言
Preface

一直以来，管理都是企业的一个重要问题，更是一个企业发展的关键。缺少管理者和领导者，企业就会成为一盘散沙，也就无法产生效益。如此，企业发展也就对领导者的管理能力提出了更高的要求。

管理能力是领导者的基本能力，可是这一基本能力并不是天生的，而是需要后天学习的。巧的是，世界企业管理的研究成果浩如烟海，各时代都有自己的代表性理论，这就给企业等组织提供了不错的理论依据。

管理，既是一门科学，也是一门艺术，将科学和艺术有机结合起来，是管理的最高境界。而如何将二者融为一体并且运用自如，是管理者急需解决的难题。世界各国的管理大师通过长期的实践与思考，为我们总结出了众多简单易懂、易于理解的管理定律。

在管理团队的过程中，很多管理者都会困惑于这样一些问题：好不容易招来了优秀人才，为何总是留不住？为什么连最聪明的经销商也要亏本大甩卖？为什么提前做好了准备，最担心的事依然会发生……其实，所有的这些问题都可以运用本书的这些定律来加以说明。

管理来源于管理艺术，存在于大量的管理艺术中，人们筛选出稳定的、规范化的、行之有效的部分固定下来，找出其规律性，形成了一套科学的理论成果。

瓦特发明蒸汽机,让人类进入了机械动力时代,101个管理定律同样也让世界企业管理前进了一大步。这是提升企业管理水平和谋求事业发展所需要的101个定律,虽然有些管理法则看起来似乎很简单,但依然是企业提高凝聚力、拓展商机、增加效益的法宝。

在全球化的今天,企业管理的研究更加广泛,在不同理论的指导下,正在进行着不断变革。在这里,笔者列举出了影响世界的101个经典管理定律,与读者共勉。

目录 Contents

001　第一章　高效能团队建设管理

1. 鲇鱼效应——多鼓励团队中的"活跃分子" / 002
2. 狼群法则——团队需要勇于牺牲自我的人 / 005
3. 羊群效应——从众心理导致盲从 / 007
4. 凯利法则——没有团队，还谈什么管理 / 008
5. 史提尔定律——团队和谐是企业发展之本 / 011
6. 酒与污水定律——清除团队里的害群之马 / 014
7. 螃蟹效应——企业的内部争斗要不得 / 017
8. 史洛伊特定理——团结的企业才无往不胜 / 018
9. 古德定律——鼓励团队成员说真话 / 020
10. 上下车法则——让团队成员有危机感 / 022
11. 木桶定律——盛水多少取决于最短的那块木板 / 023

027　第二章　计划实施与目标管理

1. 巴拉昂定律——每个员工都有野心 / 028
2. 沃尔森法则——信息的价值比金钱更重要 / 030
3. 皮京顿定理——明确目标是企业发展的基石 / 031
4. 吉格勒定理——确定目标后要勇于实现 / 033
5. 目标置换效应——实现目标的方法不是目的 / 035
6. 咸鸭蛋理论——资金周转是企业发展的根本 / 036
7. 登门槛效应——清楚你手里有什么钥匙 / 038
8. 手表定律——谁才是实现目标的关键 / 040
9. 跳蚤效应——永远不要给自己设限 / 041
10. 篮球架定律——努力就能实现的目标更具诱惑 / 043

045　第三章　战略与决策管理

1. 博弈规则——要知道你的对手在想什么 / 046
2. 标杆管理——向最优秀的企业发起挑战 / 047
3. 巴菲特定律——不从大流，方得成功 / 049
4. 费斯法则——在得到第二个之前，别扔掉第一个 / 051
5. 鳄鱼法则——该舍弃时就要果断放手 / 053
6. 路透法则——眼光决定企业的发展 / 054
7. 马太效应——通吃才是大赢家 / 057
8. 斯隆法则——有争论才有高论 / 058
9. 卡贝定理——选择性放弃也是一种成功的策略 / 059
10. 冰山定律——了解真相之前不要轻易决定 / 061
11. 隧道视野效应——短视之人很难看清未来 / 063
12. 吉宁定理——永远不要害怕犯错 / 064
13. 史密斯原则——与强者共舞，进步才能最大 / 065
14. 沸腾效应——企业危机的解决在于抓关键 / 068

071 第四章　领导力与员工激励管理

1. 坎特法则——管理者要尊重每个员工／072
2. 夏皮罗法则——了解自己的每个下属／074
3. 南风法则——用合适的方法来批评员工／077
4. 德西效应——物质奖励不能滥用／079
5. 霍桑效应——努力激发员工的工作热情／081
6. 贝尼斯定理——企业最大的福利是员工培训／082
7. 踢猫效应——别把坏情绪传染给团队／084
8. 铁轨法则——领导要亲密有间，疏而不远／087
9. 蓝斯登定律——好的工作氛围能提高工作效率／089
10. 费斯诺定理——团队领导者要多听少说／091
11. 威尔逊法则——用榜样的力量提醒和激励员工／093
12. 古狄逊定律——将权力妥善地授给下属／096
13. 麦克莱兰定理——让员工做管理者／098

101 第五章 识人用人与人才管理

1. 松下论断——怎样用人不苦恼／102
2. 散财效应——财散人聚，财聚人散／104
3. 特雷默定律——善于识人，学会用人／105
4. 拜伦法则——疑人不用，用人不疑／107
5. 乔布斯法则——一个出色人才顶50个平庸的人／109
6. 彼得原理——将合适的员工放在正确的位置／111
7. 懒蚂蚁效应——"蚂蚁"一思考，老板就发笑／113
8. 套娃定律——领导者要善用比自己强的人／114
9. 斜坡球体定律——员工素质决定着企业成败／117
10. 蘑菇管理原则——让员工受冷落不是一件坏事／118

121　第六章　企业制度与绩效管理

1. 热炉法则——制度越严格，竞争力越强 / 122
2. 权威暗示效应——打造企业权威领导力 / 124
3. 赫勒法则——合理的监督机制让工作更高效 / 125
4. 潘恩定理——制度面前，人人平等 / 127
5. 罗杰斯法则——执行起来，才能实现目标 / 129
6. 飞轮效应——团队需要坚持不懈地努力 / 132
7. 帕金森定律——警惕"职场污染病" / 133
8. 牢骚效应——让员工发泄，能够提高工作效率 / 135
9. 实干法则——踏实肯干，才能提高工作绩效 / 137
10. 棕熊法则——激励的方法不同，产生的绩效也不同 / 140

143 第七章 企业经营与客户管理

1. 冰淇淋哲学——捱过冬天的寒冷,又何惧夏天的竞争 / 144
2. 哈默定律——没有做不成的生意,只有不会做生意的人 / 146
3. 滚雪球效应——雪球越滚越大,优势会越来越明显 / 148
4. 长尾效应——差异化竞争,你会获得更大市场 / 149
5. 沃尔森法则——信息时代,要时刻关注市场变化 / 151
6. 索尔法则——多元化经营利弊同在 / 152
7. 二八定律——80%的利润来自20%的客户 / 154
8. 阿尔巴德定理——满足顾客需求你才有竞争力 / 156
9. 250定律——每个客户背后都有250个潜在客户 / 158
10. 福特法则——回头顾客金不换 / 160
11. 凡勃伦效应——商品价格定得越高越有市场 / 162
12. 奥美原则——服务第一,利润第二 / 163

167　第八章　危机应对与管理

1. 青蛙效应——不要做温水里的青蛙 / 168
2. 蓝斯登原则——企业迅猛发展时要警惕 / 170
3. 富翁和狼——陷阱往往会伪装成机会 / 172
4. 破窗效应——破了的窗户要及时修 / 174
5. 弗洛姆效应——想象中的危险并不能击败你 / 176
6. 微软破产论——离破产只有 18 个月 / 178
7. 史华兹论断——坏事有可能是成功机遇 / 180
8. 里杰斯特论断——坦然面对企业危机 / 182
9. 戴伯尔法则——应对危机，可以"独裁" / 183
10. 蝴蝶效应——忽略小的细节可酿成极大的错误 / 184
11. 多米诺效应——推倒一张骨牌，所有骨牌都会倒下 / 186

189　第九章　品牌建设创新管理

1. 派克法则——品牌的知名度就是财富 / 190
2. 拉图尔定律——给你的产品起一个好听的名字 / 191
3. 赫斯定律——广告最好不要超过 12 字 / 194
4. 布里特定理——质量再好的产品也要传播出去 / 196
5. 伯内特定律——要占领市场，先占领顾客头脑 / 197
6. 项链定律——对产品进行持久、统一的推广 / 200
7. 达维多定律——勇做创新第一人 / 202
8. 莫尔斯法则——比竞争对手多一点"新花样"/ 203
9. 波特法则——不走寻常路，对手才能无法效仿 / 205
10. 杜根定律——真正的强大蕴藏在心中 / 207

第一章 高效能团队建设管理

1. 鲶鱼效应——多鼓励团队中的"活跃分子"

鲶鱼是一种生性比较好动的鱼类，本身并没有什么与众不同的地方，然而自从渔夫发现它能够在长途运输沙丁鱼时保证沙丁鱼的成活率后，鲶鱼的作用便日益受到人们的重视。沙丁鱼，生性安静，追求安逸，对面临的危险没有合理的认识，仅满足于现有的状态。渔夫聪明地运用鲶鱼的好动作用来让沙丁鱼处于活跃状态，在这个过程中渔夫的利益也得以最大化。

挪威人喜欢吃沙丁鱼，特别是活的沙丁鱼。市场上活鱼的价格远超死鱼。因此，渔民想尽一切办法让沙丁鱼活着运回到渔港。可是，尽管经过了种种努力，大部分沙丁鱼依然无法抵抗运输途中的颠簸，窒息死亡。但是，却有一条渔船总能让大部分的沙丁鱼活着运回到渔港。

原来，这条渔船的船长在装满沙丁鱼的鱼槽中放进了一条以沙丁鱼为主要食物的鲶鱼。鲶鱼进入鱼槽后，四处游动。沙丁鱼看见鲶鱼非常紧张，左冲右突，加速游动。这样，沙丁鱼缺氧的问题就被解决了，自然也就能活着回到渔港。这就是著名的"鲶鱼效应"。

对于渔夫来说，其实鲶鱼效应就是一种激励手段。在鲶鱼和沙丁鱼的博弈中，沙丁鱼害怕鲶鱼，为了活命，它们就会在四周不停地游动；而只要沙丁鱼活下来，渔夫就能获得更大的利益。鲶鱼的作用由此可见一斑。

第一章
高效能团队建设管理

同样,在企业管理中,要想实现管理效果的最大化,也要引入一些鲇鱼型的人才,并主动给予奖励。

鲇鱼型人才的加入,能够让其他成员感受到一种危机感,而为了摆脱这种危机,他们定然会端正工作态度,努力工作,不敢懈怠,提高工作积极性。如此工作效率就能提高,团队绩效就能增长。而这一点,也是团队最需要的。

某公司曾做过一次关于"重燃工作激情"的调查,调查结果显示:53%的人没有工作激情,但不懒散,他们只想完成自己的本职工作,平凡地过自己的小日子;4%的人对工作完全没有兴趣,除非领导钉得紧,他们才会去做事;7%的人厌烦工作,虽然做着手里的工作,但一心想着要跳槽……虽然这个结果无法完全概括公司所有员工的现状,但至少说明,很多员工都是团队里的"沙丁鱼",没有工作激情与活力。

对于员工来说,缺少工作激情是非常可怕的,不仅会失去工作动力,还会让他们忽视自己的理想与目标,继而直接导致企业市场竞争力的逐渐丧失。而想要改变这种状况,就要改善竞争机制,重视与用好鲇鱼型人才;如果现在没有这类人才,也要主动从外引进。

鲇鱼型员工一般都工作积极主动,他们有着极强的上进心,做事果断利落,维护公司利益,能积极开展工作。然而人无完人,他们也有着明显的缺点:活泼好动,喜欢表现,做事较真,喜欢挑毛病,甚至有时还会碰触领导的逆鳞;他们不善于保全自己,不会随波逐流。可是,作为管理者,必须对这类人才多一些包容:鼓励他们发表不同意见,容许他们偶尔的出格行为。唯有这样,才能在最大程度上将他们对其他员工的激励作用充分发挥出来,给整个团队带来新鲜空气与工作活力。

依据马斯洛提出的需求层次理论,可以将员工的需求分为两种:一种是物质需求,一种是精神需求。针对鲇鱼型人才这种特殊群体的具体需求,需要对他们采取不同的激励措施。

1. 物质激励。薪酬激励是当前常用的一种物质激励手段,长期激励机制的功能，主要是激发员工长时间努力的动机，使之形成一个长时间的积极行为，鼓励他们自觉主动地为公司的长远发展做出自己的规划。唯有这样，企业才能留住优秀人才，提高企业的核心竞争力，轻装上阵，实现企业目标。

（1）以股票期权激励为根本，建立一个长期的激励机制。可以把年薪制与持股制结合在一起，实现对鲇鱼型人才的短期激励以及长期激励的结合。

（2）适当加大鲇鱼型人才的浮动工资部分所占据的比例。加大除了基本工资之外的风险收入比例，加强鲇鱼型人才的利益和公司利益的关联，使他们的收入水平和企业的规模效益挂钩。

（3）建立以特殊能力为基础的工资制度。这种工资制有两个特点：其一，这种工资制度的设计过程是自上而下的；其二，给予的对象主要是企业的技术或经营管理方面的专门人才。

（4）实行长期、短期结合的福利计划。福利政策能够从舒适的工作环境、养老金计划、各种商业保险、住房补贴等方面入手，这也是企业吸引与招纳人才的竞争手段之一。

2. 精神激励。精神激励对于鲇鱼型人才来说非常重要，应该作为辅助手段不断激励他们的工作热情。

（1）培育具有高度认同感的企业文化。具有核心竞争力、能充分体现"以人为本"的企业文化，也是企业吸引并留住人才的重中之重。良好的企业文化发挥的不仅是道德的力量、信念的力量与心理的力量，也是企业经营管理目标得以顺利实现的重要依据。

（2）以树立良好形象为目标的声誉激励。在团队管理中，不仅要重视鲇鱼型人才的管理方式与业绩，还要对他们的坚韧意志进行宣传，并突出他们的创新精神与高度凝聚力，让他们树立起良好的形象。

（3）注重鲇鱼型人才的内部培养。企业要慎重选择培训内容及方式，防止他们逐渐从"鲇鱼"退化成"沙丁鱼"。

3. 情感激励。情感激励是用感情联系作为手段，通过非物质利益来进行诱导，亦即精神理想进行刺激。对于鲇鱼型人才，管理者要把他们当作活生生的"社会人"，不仅要满足其生存的物质需要，还要在管理中加入尊重、信任等情感激励，满足他们情感等方面的需求。

2. 狼群法则——团队需要勇于牺牲自我的人

很多管理者都崇尚狼群的团队管理方式，其实狼群中，最值得称道的是狼的群体精神。遇到老虎、狮子、猎豹等大型动物，仅靠一只狼是无法打败它们的，这时候群狼就会团结起来，一起对敌。狼从来都不会单独行动，它们讨厌个人英雄主义，为了生存，群狼就会团结起来，联合作战，统一策划，为了团队的最后胜利，它们甚至不惜牺牲个体。因为在它们眼中，牺牲自己成就集体是光荣而神圣的。

同样，企业管理也要灵活运用狼性法则。作为一个独立的个人、一个独立的团队，也需要学习狼性法则。为了团队的最终胜利及其整体利益，必要的时候就要甘于牺牲个人利益。动物作家沈石溪创作过这样一则故事，一群被逼到绝境的狼，为了赢得种群的生存机会，用牺牲一半挽救另一半的方法找到了一线生机。这个故事就充分体现了个人利益对于集体利益的臣服。

一天，猎人将狼群赶到了崖边。后有追兵，前有悬崖，狼群进退维谷。一只老狼走出来，大叫几声后，狼群像听到了指示，迅速、有序地分成了年轻和年老两支队伍。之后，上演了一幕惊心动魄的壮举：老狼和一只年轻狼组成一组，老狼先奋力向悬崖边猛跑，纵身一跳，之后，年轻狼紧随其后奋力奔跑，也纵身一跳。当老狼快下落到合适的位置时，年轻狼恰好踩到它的后背上，借助老狼这块跳板，努力纵身一跃，最终跳到对面的岩石上。

为了延续种族的生存，老狼心甘情愿地牺牲了自己。这种选择不仅充满智慧，而且还是崇高的，因为任何个人利益都不如集体利益重要。这也是狼群法则的完美诠释。在紧要关头，牺牲个人利益，为团队利益做出牺牲，也是一种智慧，这种牺牲是保证团队获得成功的明智抉择。

在如今的工作中，很多人都不愿意将团队利益放在个人利益之上。很多企业之所以会如昙花一现般很快凋零，原因之一就是员工只注重个人利益而忽视团体利益。

在企业中，团队利益和个人利益是相互依存的，只有团队和公司发展良好，员工的待遇和工作环境才能更好；整天想着个人利益，会对团队的整体发展造成负面影响。顾全大局是团队所需要的首要素质，在团队利益与个人利益冲突时，员工只有服从大局，适当地牺牲自身利益，维护团队利益，才能得到意想不到的收获。

体验不到辉煌人生的人，是乏味的人；只想着自己的利益、不惜危害别人和团队利益的人，也就无法受到重视；在得失计较中苦苦煎熬的人，也是非常痛苦的。

如果处理不当或工作失误，就会给团队造成一些损失甚至导致其失败。这时就需要员工主动站出来承担责任，改变团队的尴尬处境。具有自我牺牲精神的员工，都会勇敢地站出来，替其他同事受过。团队需要这些勇于牺牲自我的人。

20世纪80年代中期曾做过一项调查，结果显示：克莱斯勒汽车公司的总裁艾柯卡是"近年来成功领导企业的最佳典范"。其实，大家只看到了艾柯卡的表面光鲜亮丽，却很少注意到他骨子里的精神所在。

艾柯卡是一个具有自我牺牲精神的人，当公司出现问题时，他通常都会主动将责任揽过来。虽然这样做会给他自己招来许多不必要的麻烦，但他一直坚持这样做。如此，在他的带领下，一支高度团结的工作队伍就此形成。他们敢于创新，积极行动，在大家的一致努力下，他们取得了许多令人羡慕的成绩。

在一个团队中，成员具有自我牺牲精神，团队才能具有高度的热情和良好的工作氛围。在市场经济条件下,虽然很多人的工作就是为了获取酬劳,但忘我的奉献精神并没有过时。

忘我奉献比尽职尽责更重要!当个人利益与集体利益发生矛盾时,乐于奉献的人必然会先考虑集体利益,他们既不会抱有"给多少钱,干多少活"的思想,也不会偷工减料、斤斤计较,只会在团队利益与个人利益发生冲突时,舍弃自我,而这也是团队发展最需要的。

3. 羊群效应——从众心理导致盲从

"从众效应"也叫作"羊群效应",指的是个人的观念或行为因为真实的或想象的群体影响或压力,而与多数人保持一致。

古斯塔夫·勒·邦觉得,心理群体表现出的最为显著的特点是:不论构成群体的个人是谁,他们的生活方式、性格、职业、智力有多么相似或不相似,只要组成一个群体,他们的感觉、行为方式、思考方式就会与他们处于独立状态时表现出很大的不同。

资料表明,在羊群效应中存在着非常明显的非理性因素。为了找到其中的秘密,1937年穆扎费·谢里夫做了一个著名实验:

一群人坐在一个漆黑的房间里,通过一个小洞观察一个光点。工作人员已经告诉他们,这个光点会自己移动,他们只要估计出移动的幅度就可以了。其实,该光点根本就不会移动。这群人观察完后进行了集体讨论,结果大家都说,光点确实移动过,争议的主要问题是移动了多少。在他们提出质疑的时候,没人意识到这个答案的出现已然受到了群体力量的影响。

不论我们是否意识到,羊群效应都会对心存怀疑的人造成影响。羊群是一个非常散乱的组织,平时聚在一起的时候,也没有任何规范可言,它们只会盲目地左冲右撞,只要头羊动起来,剩下的羊就会立刻跟着走,根本就不在乎前面究竟有什么。如此盲目地行动,情况好,可能会水草丰足;情况不好,可能就会让自己处于危险的境地。因此,团队管理中,羊群效应要不得。

　　一位石油大亨到天堂参加一个重要会议，结果由于一些事情耽搁了，当他到达会议室的时候，发现座位已经被其他人坐满，突然他脑子一转，站在门口大喊一声："地狱里发现石油了！"

　　与会者听到呼喊，纷纷向地狱跑去，只剩下后来赶到的这位石油大亨。结果，连这位大亨心里也不禁怀疑起来，大家都去地狱了，难道地狱真的发现石油了？于是，他忘记了人们之所以会这样做，完全是由于他喊的那一声，便也跟着向地狱跑去。

　　看完这个故事，你对于羊群效应的理解定然会更进一步。每个人都有一定的从众心理，只不过有的人多些，有的人少些罢了。一旦从众心理占了上风，很容易导致盲从，这样就容易造成错误的判断。

　　法国科学家法布尔曾将若干松毛虫放在一只花盆边缘，首尾相接连成一个圆圈。在花盆的不远处，撒下松毛虫喜欢吃的松叶。于是，松毛虫就像是约定好的一样，开始一个跟一个绕着花盆一圈又一圈地走。一走就是七天七夜，直到饥饿劳累的松毛虫全部死去。其实，只要任何一只松毛虫改变原来的路线，就能吃到嘴边的松叶。

　　动物是这样，人也不会比它们高明多少。影响从众心理的一大因素就是，坚持某种意见的人数的多少，而不是意见本身。对于某个意见，只要参与的人多，说服力就越强，很少有人会在众口一词的情况下坚持自己的意见。因此，团队领导者就要鼓励员工少些盲从、多些自我；要鼓励他们多提意见，不要人云亦云；鼓励他们创新思维，不要被外界的环境所影响。

4. 凯利法则——没有团队，还谈什么管理

　　凯利法则的提出者是管理大师罗伯特·凯利，他认为，企业运作的成功离不开团队的力量，仅依靠个人，什么事都做不成，也就无所谓管理了。

　　关于凯利法则有个寓言故事：

第一章
高效能团队建设管理

一次，针对谁跑得快的问题，乌龟与兔子发生了争执。争论了很长时间，都没有决出胜负。小动物们围在周围，看到这个情景，小麻雀对它们说："既然你们俩谁都不服谁，倒不如举办场比赛，一分高下。"这个意见确实不错，兔子和乌龟表示同意。于是，快速选定了路线，开始赛跑。

兔子撒开小腿跑起来，一马当先，片刻工夫，便将乌龟远远地甩在了后面。看到乌龟没有追上来，它的身体一下子软下来，可能是刚才太用力了。兔子料想乌龟不会这么早追上来，于是便靠在一棵树下，开始休息，决定休息好了，再接着比赛。兔子坐在那里，觉得舒服极了，慢慢地它的眼皮开始不听话了，脑子也变得昏昏沉沉，很快便睡着了。

乌龟呢？虽然它跑得很慢，但也渐渐赶上了兔子。当它看到兔子正在熟睡的时候，没有懈怠，更加努力地向前跑去。因为它知道，如果自己不努力，很快就会被醒来的兔子追赶上。意识到这个问题，乌龟又加快了速度，终于到达了终点。

睡梦中的兔子突然惊醒，它才想起自己在参加比赛。于是，开始猛跑。可能是因为休息好了的缘故，它的速度也加快了很多。可是，等它跑到终点的时候却发现乌龟已经在那里等着它了。结果，乌龟获胜。

兔子输了比赛，心中愤愤，但也无可奈何，谁让自己睡着了呢？最后，它重新振作起来，分析了失败的原因，决定再跟乌龟比赛一场，乌龟欣然同意。

这一次，兔子丝毫不敢懈怠，一口气跑完全程，领先乌龟好几公里。失败之后，乌龟进行了反省，自己确实不如乌龟有先天优势，不可能跑赢兔子，但局面也不是不能逆转。认真思考之后，乌龟决定跟兔子再来一场比赛，但要另选一条路线。

兔子没有退缩，大方地同意，然后它们两个再一次出发了。为了超越乌龟，兔子一直快速奔跑着，直到跑到一条河流边。虽然这条河水流不急，但很宽，兔子过不去，只能呆坐在那里。这时乌龟背着自己的壳稳稳到来，它跳入到河里，行进速度明显比陆地快，它快速游到了河对岸。之后，乌龟继续爬行，最终赢得了比赛。

进行了三场比赛，不同的态度，出现了不同的结果；路线不同，结果也不同。兔子与乌龟一起进行了反思，它们两个都非常清楚，在这几场比赛中自己都能表现得更好。它们决定再比一场，但是采用的是合作战略。它们一起出发，先由兔子扛着乌龟跑，直到河边。之后，乌龟背着兔子过河。到了河对岸，兔子再次扛起乌龟，最终它们两个一同抵达了终点，所用时间还不到原来的四分之一。比起前几次比赛，它们都感受到一种无法言喻的成就感。

通过这个故事我们可以发现：第一，动作快的人，总能胜过动作慢的人；第二，将自己的优势充分发挥出来，也能战胜对方；第三，具有个人优势且懂得团队合作的人总能打败单打独斗的人；第四，面对失败，绝不能轻言放弃。

在职场中表现优异，确实能提高个人的核心竞争力，但必须与队友同心同德、团结协作，否则个人就很难实现自己的目标，或者需要花费更多的努力才能实现目标。

一家外企招聘女职员，看到薪资待遇非常好，很多人都去应聘，其中不乏高校研究生。他们知识渊博、头脑清楚、善于表达。筛选简历后，资深HR知道这些应聘者都有着深厚的文化底蕴，仅靠书本上的知识无法难倒他们，便策划了一场别开生面的招聘会。

六名应聘者同时走进会议室，工作人员给了他们15美元，说："现在，你们拿着这笔钱到外面吃饭，但要保证每个人都能吃到，不能有人挨饿。"

六个人走出公司，来到街角的一家餐厅。他们叫来服务人员，咨询餐厅的消费情况，服务员告诉他们，这里米饭和面条的价格都不高，每份三美元。按照这样的价格，六个人共计18美元。然而他们手里仅有15美元，无法保证每人都能获得一份，最后只能唉声叹气地出了餐厅。

回到会议室，他们将答案告诉了HR。HR了解到情况后摇摇头，说："对不起，虽然你们学历不错，但都不适合我们公司。"一人不服气地问：

"只有15美元钱,怎么够我们六个人吃饭?"

HR笑了笑,说:"你们刚才去的那家餐厅,公司员工平时经常去,餐厅有项长期的优惠活动:五人或五人以上一起就餐,餐厅会免费加送一份。你们六个人一起去吃,完全能得到一份免费午餐。但是,你们只想到自己,没有团队意识,不懂得凝聚起来。你们都以自我为中心,合作精神不强,如此怎能更好地合作发展?"

听到HR的这番话,六名应聘者哑口无言。

团队合作是一种为达到目标所显现出来的自愿合作与协同努力的精神,能够调动起团队成员的所有资源与才智,能够自动驱除所有不和谐与不公正的现象,同时给予真诚、无私的奉献者合适的回报。

古人有言:"人心齐,泰山移。"团队的核心是人,只有各成员团结协作,才能创造出最大的成绩,才能为公司打造一个更好的前景。融洽的团队氛围,能够激发员工的工作动力和奉献精神,能够为企业注入新的生命与活力,离开了团队,个人的价值也就无法实现!

5. 史提尔定律——团队和谐是企业发展之本

史提尔定律由英国前自由党的领袖D.史提尔提出,是一条著名的管理思想,其中心思想是:合作是所有团队得到发展的根本,只有团结起来,才能产生伟大的力量!

合作是团队的灵魂所在,团队意识强的团队,内部思想与行为会保持高度一致,营造出一种团结的工作环境,员工会一起遵循企业的经营理念与管理理念,为共同的事业而彼此合作,使企业产生一种不可估量的力量。

合作不能依靠命令来维持,需要通过有效的沟通机制,使合作变为一种心悦诚服的行为。这种合作的精神,对企业的经营成效有着不容忽视的重要影响。

古希腊时期,塞浦路斯的一座城堡里关过七个小矮人,据说这七个小矮人受到了可怕的咒语诅咒，最终被关到城堡。他们被关押在一间潮湿的地下室，没有食物，没有水，没有阳光。

他们虽然一共有七人，但依然感到异常孤独，渐渐地陷入绝望。这天，小矮人阿基米德梦到了守护神雅典娜。雅典娜告诉他，在这个黑暗的城堡里，共有26个房间，除了他们这个房间，还有25个。在这些房间里，有个房间里有食物与水，足够他们生活一段时间；另外24个房间里有240块灵石，将这些灵石收集到一起并排成一个圆圈，就能解除邪恶的咒语，逃离厄运。

第二天从睡梦中醒来，阿基米德就将梦中的情景告诉了其他六个小伙伴。结果，只有爱丽丝与苏格拉底相信，愿意与他一起努力。爱丽丝打算先找些木材取火，让房间暖和一些、光线好一些；苏格拉底想先找找那个有食物的房间；阿基米德则想立刻找到240块灵石，把咒语解除……三个人意见不统一，最后决定分头行动，自己找自己的。几天时间很快过去，三个人一无所获，反而累得疲惫不堪。

反思之后，他们三人决定团结起来，先去找火种，再去找吃的，最后齐心协力找灵石。如此，三个人很快就找到了食物与水。他们快速吃了一些食物，然后分给其他四个人。吃饱之后，这四个人也改变了自己的想法，主动要求与阿基米德他们一起寻找灵石。

为了提高寻找效率，阿基米德把七个人分为两组：原来三个人，从左边开始找；其他四人则从右边找。可是，事情进展的并不顺利：先是开展的速度慢，后来发现找来的石头都不理想，最后，因为对地形不熟悉，他们的信心一点点被磨灭。

七个小矮人进行碰头，开了一次交流会，交流各自的经验与窍门。然后，他们将这些内容都抄在能被火把照亮的墙上，对大家做出提醒，省得走弯路。

最后，七个人又开始了新一轮寻找，在大家的努力下，最终找到了全部灵石。但是，这时苏格拉底却停止了呼吸，大家都感到异常震惊与恐惧，

第一章
高效能团队建设管理

火种也灭了。没了火种,就没有光线;没有光线,大家也就没有办法将石头摆成一圆圈。

六个人想了很多办法,依然无法将火生着——以前负责生火的是苏格拉底。寒冷、黑暗与恐惧再一次袭击了小矮人。低沉的情绪影响了每一个人,阿基米德后悔自己当初没有向苏格拉底学习生火。他们祈求神灵,终于生着了火,当他们将灵石摆放成一个圆圈的时候,他们获得了胜利。

故事中,七个小矮人之所以最终能够摆脱厄运,主要就在于发挥了团队的力量。团队的巨大作用由此可见一斑。

融洽、和谐的团队是企业立足和发展的基础。在发展过程中,企业一定要兼容并包、吸纳各类人才,不同地域、不同家庭背景、不同学历、不同习惯、不同信仰的人组合在一起,组建一支优秀团队。对于团队效率的发挥,最大的阻力是成员之间的不信任,尤其是在困难时期,这种消极因素的影响力会更加突出。

相互指责对解决问题没有任何的作用,还会使得问题变得更加严重。对于团队来说,专业素质高的人发挥着重要作用。但是,团队的和谐运作并不能依靠单一类型的人才,只有将各类人才进行合理搭配,团队管理效果才能最大化。

当然,要想让团队成员在日后的工作中凝聚成一股绳,就要在他们之间建立一种融洽和谐的关系。如此,身处其中的个人才能最大限度地散发自己的光和热,才能互帮互助、共同进步,才能成为企业这部机器良性运转的中坚力量。

融洽、和谐的团队关系是企业精神的体现,不仅能体现企业的精神面貌,展现企业的文化和内涵,而且能为企业带来不可估量的经济效益。为团队创造这种工作氛围,身处其中,自然会感到身心愉快,工作效率也能倍增。

建立融洽、和谐的团队关系应该做到以下几点:

第一,每个成员都要敞开心胸去接纳别人,而不是表里不一;

第二，懂得尊重他人，不仅尊重他人的人格，还尊重他人的生活习惯和信仰，不以自我为中心；

第三，尺有所短寸有所长，能够看到他人的长处，懂得完善自身，能在互帮互助中一同成长；

第四，懂得在生活中、工作中去关心他人，就像关心自己的兄弟姐妹一样；

第五，谦虚、包容他人，不会夸大他人的弱点，会正确对待他人提出的意见。

6. 酒与污水定律——清除团队里的害群之马

管理学上有个非常有趣的定律叫作"酒与污水定律"，意思是说，取来一匙酒，倒入一桶污水中，终究只能得到一桶污水；而将一匙污水倒入一桶美酒中，得到的依然是一桶污水。同理，不论在什么团队中，都存在若干比较糟糕的人物，他们之所以存在似乎就是为了让事情变得更糟。他们就像一个个的烂苹果，不及时将它们处理掉，就会迅速传染，对果箱里的其他好苹果造成负面影响，继而产生极大的破坏力。

俗语说得好，近朱者赤，近墨者黑。有工作能力的人，一旦进入混乱的团队，很可能会被这个团队吞没；而无德无才的人，遇到同样的情况，则会快速减弱部门效能。

企业中的团队是非常脆弱的，需要以理解、妥协与包容为基础，一旦少了这些元素，就很容易被侵害、被毒化。害群之马之所以能够对团队造成恶劣影响的一个重要原因是，破坏比建设更容易！即使是一只由精工巧匠花费数日制成的陶瓷，也会被一头蠢驴在短时间内毁坏。在团队中一旦发现了这样的驴子，就要立刻将它清除掉；即使暂时没有能力除掉它，至少也要将它拴起来，不要让它再肆意妄为。

团队中，污水的存在会给成员带来矛盾与冲突，管理者必须掌握一定

第一章
高效能团队建设管理

的处理技巧。酒与污水存在一定的博弈过程，发现人才、利用人才，是优秀的管理者引领团队走向成功的关键；而有效运用酒与污水定律，则是团队高效运作的最佳途径。

团队管理是一门深奥的学问，管理者要发挥自己的主观能动性，通过疏导和引流，发挥出积极的带动作用，将员工的潜能都挖掘出来，激发出团队的整体斗志。

周曦是个货真价实的团队杀手，为什么这样说？因为她非常喜欢抱怨，她的怨气会对周围的同事造成影响，导致整个团队的氛围死气沉沉，办公室里到处都弥漫着负能量。

周曦是公司老总的一个同学介绍过来的，大概与这位同学是亲戚。为了让周曦尽快熟悉公司事务，领导安排了一个老员工做她的师傅，带她熟悉公司的环境、了解工作流程等。

周曦认真地看，努力地学，虚心地请教。开始的时候，师傅对她还挺满意，觉得她是个不可多得的人才。可是，因为自己有后台，半个月后，周曦的本性便暴露无遗。师傅给她安排事情，她会表现出不耐烦的神情，或者找理由推脱。师傅忍无可忍，终于开始训斥她。

周曦觉得自己的小心脏受不了刺激，便开始在私底下诋毁师傅：

"每天都让我做那么多工作，所有事情都要我做，他干吗去了。"

"我凭什么要加班？"

"真看不惯他那张多事的嘴脸，公司又不是他的。"

"不就是比我大几岁吗，还真当是我师傅啊！"

"什么破公司，制度那么多，动不动就罚款，谁受得了？"

……

这些抱怨，不说则已，一旦有人提出来，便迅速在私底下开始流传、发酵，团队的工作热情大减。比如从不迟到早退的保洁大姐开始偷懒，有几个员工甚至还要求涨工资。问题最严重的是，几个工作勤勤恳恳的小伙子居然隔三岔五地脱岗，躲到洗手间去抽烟。

师傅了解到这个情况后，将问题汇报给了经理。之后，经过层层转达，很快就传到了老板耳朵里。老板对于这个由同学介绍来的人的行为非常生气，于是，给同学挂了电话，之后毫不客气地炒掉了周曦。这时候，周曦入职还不到两个月。

老人们常说，跟着好人学好，跟着坏人学坏。这句话也并非信口胡说，没有依据。与负能量的人接触，如果你足够坚定或正能量饱满，也许就能影响他；反之，你就会被他影响。害群之马的身上都有一些共同点：具备一定的能力与经验，成绩平平；对周围的人有一定的影响力，有一定的群众基础；喜欢与领导唱对台戏，反对公司计划与制度，喜欢散布消极思想与言论；喜欢表现自己，自由散漫，不切实际……优秀的团队管理者，一旦发现害群之马，就会遇到一个清除一个。那么，团队中，究竟存在哪些害群之马呢？

1. 不尊重别人时间的人。这类人不尊重别人的时间，做事拖延，喜欢骚扰别人工作，会影响工作项目的进度安排。

2. 喜欢当"少数派"的人。这类人崇尚个性，不愿意倾听别人的观点；他们总会不分轻重缓急地来处理问题，不会妥协于他人。

3. 过度索求的人。有的人公司只要满足了他一个条件，他就会接二连三地提出第二个条件、第三个条件，在之后的日子里更会不断地提出新的要求。

4. 不切实际的阴谋家。一旦团队与他的意见出现分歧，他们就会觉得自己的利益被侵犯了、自己被别人陷害了；一旦关注了什么事情，他们就会运用夸张的描述，把问题扩大化。

5. 追求完美的人。这些人做事喜欢追求完美，总是希望能将工作做到最好，做事瞻前顾后、犹豫不决。

6. 思想保守的人。他们不愿意尝试新鲜事情，不愿意冒险，只要维持原来的利益模式就可以；喜欢在团队中扩散消极情绪。

7. 懒惰的人。这类人只想坐享其成，不愿意付出一点一滴的汗水。

第一章
高效能团队建设管理

8. 派系领导者。这类人喜欢在团队内部划分小圈子，喜欢跟他人明争暗斗。他们都非常聪明，智商比较高，心思也比较多，观察力很强，不好管理。

一旦发现上述这八种类型的员工，应及时把他们从团队中清除，否则会影响整个团队的发展。

7. 螃蟹效应——企业的内部争斗要不得

螃蟹效应，主要指的是：用敞口藤篮来装螃蟹，如果里面只有一只螃蟹，就很容易爬出来；多装几只，就没有一只能爬出来了。原因很简单，它们喜欢相互扯后腿。

抓过螃蟹的人可能都知道这样一个现象：如果竹篓中只有一只螃蟹，一定要将盖子盖得严密合缝；里面的螃蟹多了，就不用再盖上盖子了，为什么？因为数量多了，螃蟹是爬不出来的。螃蟹数量多了之后，都想爬到竹篓外，但又都不想落在后面，于是它们奋力朝出口爬。但是篓口很窄，看到一只螃蟹爬到篓口时，其他的螃蟹就会用威猛的大钳子夹住它，把它拖下来，直到最下层。这时，另一只强大的螃蟹便会踩着它向上爬。如此循环往复，任何一只螃蟹都无法爬出来。

在团队中，螃蟹效应体现的职场现象，是一种不道德的职场行为。内部斗争不断，成员就会只关注自己的个人利益，而忽视团队利益；他们会紧盯眼前利益，而忽视了长远利益……内斗成风，彼此掣肘，团队就会失去前进的动力。

有家药店的分店，店员不少，位置较好，但是效益却不乐观。最重要的是，员工流动还很大，店长苦不堪言，只能辞职。为了解决这个问题，有着多年的门店管理经验的李科，来到这家分店任店长。

上任后，李科进行了全方位的调查工作。经分析他发现，门店绩效下降的根本原因并不是店员的销售能力，也不是药店的管理制度，而是因为店员之间彼此不和,喜欢互相拆台,都觉得对方不顺眼,工作不配合。

之后,门店开展了一项社区用药需求调查活动,李科让各柜组草拟方案。经过对比,最终采用了A柜组提交的方案。李科让其他柜组配合执行,但最终的结果是,A柜组积极踊跃,其他柜组则冷眼旁观,等着看A柜组的笑话。因为他们知道,如果A柜组把工作顺利完成,就能获得一笔奖金,他们谁也不愿意看到对方获得好处。

这种内耗,不仅会削弱团队的战斗力,还会让成员之间的关系变得脆弱且紧张。如果管理者对这个问题漠不关心,或认知不够,就很可能会给团队带来负面影响。

团队的创建基础是共同利益,可是"林子大了,什么鸟都有",团队也不例外。作为团队的管理者,要想将各类人才团结在一起,尤其是骨干分子,的确需要费一番心思,只有最大限度地减少内耗,才能实现团队效率的最大化。

团队内部存在着很大的竞争,永远都进行着"治"和"反治"的博弈,时刻都会出现矛盾的激化和缓和。为了维护团队的整体利益,睁一只眼闭一只眼,用中庸的态度来看待问题,何尝不是管理者的一种无奈。因此,一旦发现了内部斗争的苗头,就要将其扼杀在萌芽状态,不要手下留情。

8. 史洛伊特定理——团结的企业才无往不胜

史洛伊特是南非萨默堡国立房屋建筑互助协会经理董事,曾提出过一个管理的重要原理,即史洛伊特定理。这一定理启示我们:团队都是由个人组成的,都有凝聚力,都对团队的行为和功能有着重要作用,只有全体成员团结一致、全力以赴,才能实现预期的成果。

对于团队来说,群体关系比较融洽,内聚力非常强,就能顺利完成工作任务;反之,成员关系紧张、矛盾重重、内聚力弱,就不利于工作的实施与完成。优秀团队能让成员产生强烈的认同感和自聚感,落后的群体则

第一章
高效能团队建设管理

会使成员大失所望，离心离德。

团队内聚力是其取得高绩效的基础！我们的每只手都有五根手指，大拇指是老大，而大拇指之所以能成为老大，不是因为它长得比较粗，不是因为排在手指的第一位，而是因为大拇指的很多特征使大家不得不承认它的老大地位：第一，大拇指尽管独处一隅，但与其他手指都能和睦相处，这是其他手指做不到的；第二，工作时，大拇指能与其他手指相互配合，就连平时作用不太大的小指，与大拇指合作时也能发挥出最大的作用。

除此之外，大拇指还品格谦逊、态度随和。它不喜欢主动表现自己，不会争夺戒指的光辉；不工作时，它会低头沉思，只有在表扬别人时才会挺起胸膛；失去大拇指，其他手指的做事效率会大幅降低。

大拇指让所有的手指都团结在一起，形成了一个强有力的拳头——团队。大拇指能够一直稳居老大的地位，重要的一点就是凝聚力！优秀的团队领导同样如此。

1945年"经营之神"松下幸之助提出了一个观点："公司必须发挥全体员工的勤奋精神。"同时还向员工灌输了"群智经营""全员经营"等思想。

在20世纪60年代，为了打造一支攻无不克的团队，每年正月的一天，松下幸之助都会带领全体员工头戴头巾，身着武士上衣，挥舞旗帜，把货物全部送出去。亲眼看着一辆辆货车从厂区驶出，工人们心头都会升起一种由衷的自豪感，为自己是团体的一员而感到自豪。

同时，松下还努力挖掘员工的智慧与力量。公司建立了一项提案奖金制度，花费重金在员工中收集建设性意见，一旦被公司采用，公司每年就会将三额奖金颁发给员工，提升他们的工作积极性。

员工把工厂看作是自己的家，把自己当作工厂的拥有者。即使公司不公开提倡，各类提案也不断地涌来，员工随时随地——在自己家里、在出门的火车上，甚至在公共厕所里——思索对公司有利的提案。

公司和员工之间建立起一种可靠的信任关系，员工就能自觉地将自己当作公司的主人，提高工作的积极性与创造性。靠着这种亲和力、凝聚力和战斗力,没用多长时间,松下就从一个小作坊发展成为世界最大的家用电器公司,其市场范围之广、产品品种之多,令世人惊叹不已。

中国有句古语:"一根筷子易折断,十根筷子不易折断。"集体的力量,超乎想象。不论什么时候,单靠一个人的力量都是不行的,也不能够取得大的进步。小团队如何发挥出最大的能量?答案是将个人力量团结起来。

凝聚力是团队的重心,是企业经过长期发展积淀下来的一种团队配合默契程度。在市场经济条件下,团队的协作精神决定了企业的命运。只有在最大程度上加强团队凝聚力,赢得竞争力的最大化,才是团队最合理有效的经营之道。

9. 古德定律——鼓励团队成员说真话

古德定律是由美国心理学家 P. F. 古德提出的,他认为,要想成功沟通,就要准确地了解别人的观点;要想实现对团队的有效管理,就要让成员说真话。

提到说真话,不得不提到一个人,就是魏徵。

魏徵是唐太宗时期的谏官,他为人正直,敢说真话,连皇帝也怕他几分,但更多的是尊敬。一次,唐太宗听说,有位大臣的女儿不仅长得漂亮,还是个才女,便想将她纳入后宫。

当唐太宗跟大臣提到这件事情的时候,大臣诚惶诚恐,因为他女儿已经跟一位姓陆的读书人有了婚约。唐太宗心意已决,立刻就拟了诏书。

魏徵听说这件事后,就给太宗谏言说:皇帝虽然权力巨大,但不能直接抢他人的妻子,虽然还没有正式成亲,但人家已经有了婚约,强取豪夺,实在不是君子所为,最好成全这对佳偶。

唐太宗看了魏徵的奏章,觉得他说的有道理,就接受了他的建议,之后,他还下了一道诏书,进行自我批评,承认自己做得不对。

魏徵辅佐唐太宗17年,以"犯颜直谏"而闻名,最终协助唐太宗成就了"贞观盛世"的历史佳话。

不可否认,唐太宗李世民确实是个好皇帝,从他鼓励魏徵进谏、虚心接受他人谏言,就可以看出。从这个意义上来说,历史上贞观之治的出现,魏徵确实发挥了重要作用。

团队的和谐与发展,就在于三个字——说真话!领导一言堂,员工就会事不关己,高高挂起,就会对团队少一些责任感。对团队没有责任意识的员工,不仅不会主动工作,还会成为团队发展的阻碍。

团队的发展和成绩的取得,依赖的都是成员的共同努力。成员连真话都不敢说,即使发现了问题,他们也不会说出来。员工从事的是具体工作,跟管理者相比,更容易发现细节问题。内部存在问题而不说,小问题就会成为大问题,继而影响到团队的整体利益。因此,要想让团队健康发展,就要鼓励员工说真话。

中国广东核电集团曾发生过一件事:

一个清洁工在对厂区做清洁的时候,看到一个机器上有些灰尘,顺手用抹布擦了一下,结果无意中碰到一个开关,导致核反应堆停堆,核电厂停电两天。

清洁工知道自己闯了祸,主动跟领导说了事情的原委,表示自己愿意承担责任。可是,领导非但没有处罚她,还按照正常程序给她发了奖金。

领导为何要这样做呢?因为他们认为,对于核电企业来讲,最重要的是安全。为了消除所有的安全隐患,就要想办法了解有关安全隐患的信息,只有让员工讲出真话,工厂才能了解到最真实的情况。

引导员工将自己的真实想法说出来,不仅能满足员工的表达需求,还能让管理者获得更多的一手真实信息。"员工是企业的主人"不是挂在嘴边的讪讪之语,既然是主人,就要鼓励他们将自己的意见表达出来;让员工静音,他们的主人翁意识与工作热情就会随之下降。

移动互联网时代,地球也成了一个小村落,团队成员之间的无障碍沟通也显得更为迫切。员工不敢说真话,发现了问题、有了好的建议而不说,时间久了，团队问题就会越来越多、越来越大，这不仅不利于良好成绩的取得，甚至还会危害到团队的构建。

团队的事情多如牛毛，管理者不可能每件事都亲自插手，总会有涉猎不到的地方、总会出现自己看不到的问题，要想了解企业的真实情况，就要鼓励员工主动汇报、积极表达。

当然，为了提高沟通效果，还要使用正确的沟通方法。有些团队虽然表面上也鼓励员工说真话，也会召开一些座谈会、茶话会等，让大家畅所欲言，但是主动说话的人依然不多，或言之无物，或高唱颂歌，很少有人愿意在管理者面前说出自己的心里话。领导者要创造条件让大家将自己的真实想法说出来，如此，于己、于团队、于企业都有利。

10. 上下车法则——让团队成员有危机感

上下车法则是管理学者詹姆斯·柯林斯提出来的，其在著作《从优秀到卓越》中提到：要想找综合素质高的人，就要将最适合的人带上车，不合适的则要立刻请下车。所谓合适的人，通常都具有这样几个特点：第一，有正确的工作态度；第二，有工作责任心；第三，具有一定的知识储备及专业技能。

为了找到这些优点并存的人，企业就要重视对员工的培养，并建立一种团结协作的工作环境，不断地激发并鼓励大家的工作热情，提高员工的工作能力，帮员工实现自身价值，并与企业的目标有机结合起来，不断地提高执行力。

在这个世界上，绝对稳定的环境是不存在的，更何况是一个以追求利益为上的公司。在这个变幻莫测的世界，不稳定才是正常的；太过稳定，反而不正常。孟子说："生于忧患，死于安乐。"这句话告诉我们，要想更好地生存下来，就要在内心深处保持一种忧患意识，不要放松警惕；长期处于安逸享乐状态，离毁灭也就不远了。企业没有危机意识，员工整天都安于现状，被对手超越是早晚的事。

拥有危机感，其实是内心对自己的一个较高期望，相信自己能在未来的某一天成为更好的自己。现在的努力不过是为了明天更好地生活，现在的无所事事是明天更加失败的根源。只有明确了目标，才能看到自己的不足，才能不满足于现状，拼命学习。而这，同样适用于企业和团队的发展。

具有忧患意识的企业，为了不断激励自己更加自信，就会不断地发挥自己的潜能，不断地扩大经营范围，即使是内在极度谦卑，也会不断地向前奋进。

具有忧患意识的员工，会与自己进行全方位的比较，会对自己做出反应，继而更深刻地认识自己，让自己少一些自满，多一些谦虚。

有危机感的人是公司最需要的，对工作不满足，员工就会突破常规、突破自己，就会在暗处不断地学习与提升自己，激发自己的无限潜力。一定要让员工明白：没有绝对稳定的职位与未来，不论身居何职，都不能安于现状，否则早晚会被请下车。

当然，拥有危机感，并不是告诉员工要对公司心存二心，而是要秉持职业道德来为公司做事。当今的社会法则是：当公司不需要某个员工的时候，当某个员工没有利用价值的时候，公司会毫不客气地将他开除，让更能为公司创造价值的人来接替他的岗位。

11. 木桶定律——盛水多少取决于最短的那块木板

木桶理论是管理学上一个非常著名的理论。用一个木桶来装水，假如组成木桶的木板长短不齐，它能盛下的水的最大容量不是由木桶中最长的木板决定的，而是由木桶中最短的木板决定的，因此木桶理论又被人们称为"短板效应"。

这里用了形象化比喻，将"水桶定律"理论巧妙地阐述了出来。如今，它被应用到了更多的领域，已经不再是一个单纯的比喻，而是成了一个管理法则。由多块木板组成的"水桶",不仅可以代表企业、一个部门,也能象征某个员工,而"水桶"的最大容量则成了实力和竞争力的代表。

在团队建设中,通常都会有这样一个问题:各成员素质优劣不齐,而劣势部分常常都决定着团队的最高水平。这时候,要想将团队的价值最大化,就要认真思考一下"短板",并最大限度地将其补齐。

有个年轻人工作的时候总是无法集中注意力,工作不认真,经理不重视他,从不给他安排重要任务。一天下午刚上班,经理就将他叫到办公室,给他派了一项重要工作,同时鼓励他说:"我相信,你一定能把这件事做好。"

年轻人感觉到了管理者对自己的信任,非常高兴,他用超过平时百倍的力量认真地完成了工作,经理当众表扬了他。年轻人升起了满满的自豪感,从那之后,他就像变了一个人似的,不再投机取巧,开始努力工作,经理对他的表扬越来越多,也更加信任他。一年过后,年轻人成功地升任部门主管。

想到经理对自己的栽培,年轻人专门去向经理道谢。经理听完他的话,突然笑了起来,说:"你知道那时候我为什么会把那个工作交给你吗?因为当时部门的其他人手头上都有重要的事情要处理,没办法,我只能让你来做。不过通过那次工作,我也发现了一件事:假如我更早地重视你,交给你一些重要的工作,或许你的表现会更加出人意料。"

这个故事再一次告诉我们:给团队中的"短板"员工更多的信任与帮助,该员工就会重获自信,就能为团队创造更大的价值,团队的合力也会变得更大。为了减少"短板"对工作的负面影响,管理者就要将重点放在薄弱环节上;只看到优势员工而忽视了掉队者,是无法提高团队整体效率的。团队要想变成结实耐用的大木桶,就要加强对每个员工的教育与培训。

西门子是全世界范围内数一数二的电器公司,从创立到如今,已经创造了许多奇迹。它的成功跟多方面的因素有关,但其中最重要的一条就是重视员工培训。

第一章
高效能团队建设管理

西门子公司觉得：员工技术的熟练程度及专业知识，是保证产品质量、赚取最大利润、保持竞争能力的关键。从公司第一任总裁——西门子开始，历任总裁都特别注重对员工的培训与培养。

西门子虽然有着多年的教育经历，但工作中也没有忽视学习，同时还为员工树立了学习的榜样。他认为，每个人都是一个资源库，内含着巨大的能量，只要努力开发，定然可以爆发出惊人的力量。

为了激励员工，西门子专门编写了一本名为《做个伟大的人》的教材，用于员工培训。为了方便员工在不同的环境下好好学习，他还为该书配制了20卷卡式录音带，上面的内容和课本内容完全一样。他在前言中写道："你好！你已经决定改变你的一生了。你已经处在改变的过程中了。反复播放这些录音带吧，你一定可以从里面获得无限的力量。"

此外，西门子还引用了自己欣赏的名人名言，做了大量的阐述及发挥。全书的宗旨就是让强者带动弱者，让弱者变得更强，鼓励员工确立起一种积极进取、不断前进的人生观。如此，不仅为西门子公司带来了技术革新，也带来了高额利润与高速发展。

企业想要在激烈的市场竞争中脱颖而出、抢占先机，就不能只是依靠一两方面的突出能力，要凭借整体的实力。换句话说，从产品研发、生产管理、市场营销到客户管理，生产过程中的每个阶段，只要有一个环节出现问题，都可能让企业在竞争中处于不利地位，最终制约企业的长远发展。

企业要想做大、做强，就要合理运用木桶定律，将构成木桶的所有木板都定制得足够高，如此企业才能以雄厚的实力跟对手竞争。

第二章 计划实施与目标管理

1. 巴拉昂定律——每个员工都有野心

法国富翁巴拉昂在自己的遗书中写道：穷人最缺少的是野心。同样，企业目标的实现，也离不开员工的野心。

巴拉昂年纪不大，就已经成为了不起的媒体大亨。最初他以推销装饰肖像画为生，在不到十年的时间里，快速跻身法国50大富翁的行列，1998年因前列腺癌在法国博比尼医院去世。临终之前，他留下遗嘱，将自己价值4.6亿法郎的股份全部捐给博比尼医院，作为前列腺癌研究的基金；另外，将100万法郎作为奖金，奖给揭开贫穷之谜的人。

巴拉昂去世后，法国《科西嘉人报》将他的一份遗嘱刊登了出来，内容为：曾经的我是个穷人，生活贫困，去世的时候，我却以富人身份迈进天堂的大门。我不想把自己成为富人的诀窍带到天堂，我将这个成功的诀窍锁在我的法兰西中央银行的私人保险箱里，保险箱的三把钥匙已经交给了我的律师和两位代理人。在这里，我承诺，只要能回答出"穷人最缺少的是什么"这个问题，我就将自己的祝福送给他。虽然说，到时候我不可能从墓穴中伸出双手为他振臂欢呼，但是猜中者却能得到保险箱中的100万法郎，那就是我给他的掌声。

遗嘱刊出后，有些人扬言说巴拉昂是个疯子，有些人说这是《科西嘉

第二章
计划实施与目标管理

人报》为了提升发行量而使用的炒作手段，但有很多人寄来了自己的答案，信件如雪片般向《科西嘉人报》报社飞来。

工作人员将信件一封封打开，将所有的答案都整合到一起，发现：有人觉得，穷人最缺的是金钱，持这种观点的人占了大多数。剩下的少部分人中，答案不外乎机会、技能、帮助与关爱、漂亮的长相、迷人的身材、名牌外套、清晰的头脑、贤惠的妻子等，五花八门。只有一个女孩猜中了答案，她叫蒂勒，她的回答是：穷人最缺少的是野心，就是成为富人的野心。

在巴拉昂逝世周年纪念日这一天，律师及两个代理人在公证部门的监督下打开了那只保险箱。现场，观众人山人海，大家都等待着这一刻，想一睹小女孩的真面目。为了解除观众的疑惑，《科西嘉人报》的负责人问年仅九岁的蒂勒："你为什么会觉得是野心，而不是其他答案？"蒂勒笑着回答说："每当我姐把男友带回家时，总会提前对我做一番警告，让我不要有野心！我觉得，野心能让人得到自己想得到的东西。"谜底见报后，引起了极大的震动。

巴拉昂的遗书告诉我们：穷人要想获得成功，首先就要有野心。野心不仅能改变一个人，还是一个团队积极向上的促进力，更是改变企业命运的巨大力量。员工心中怀有野心，为了实现目标，他们就会在前进的道路上获得更大的发展。没有野心，也就没有了向前的动力，如果员工满足于现状、不思进取，早晚会被淘汰出局，这是每个员工的结局，也是团队和企业的结局。

野心是推动企业发展的强大动力，企业只有拥有更大的野心，才能创造更大的价值，获得更多的资源。野心越大，追求的目标也就越高，企业的潜能才能得到更充分的发挥。马云曾经在一次演讲中说："你穷，那是因为你没有野心！"许多人都说这个观点片面，但不可否认的是，对于创业者来讲，野心确实是他们前进的原动力。

马云就是一个野心勃勃的人，最初创办阿里巴巴的时候，他邀请了24

个朋友来自己家。马云跟这些人畅谈了自己的梦想及宏伟蓝图,花费时间长达两个小时,结果只有一个朋友愿意尝试,其他人则劝他趁早放弃。

朋友们离开后,马云又认真思考了一下,结果第二天就按照自己的想法开始做了。之后,他就靠着自己的野心,一步步创造了辉煌。今天阿里巴巴虽然已经成为全球最棒的互联网公司,但马云并没有止步于此,将阿里帝国的版图扩展到了金融、娱乐、出行、基础服务、医院等领域,并努力着、实践着。

管理者一定要记住:要想实现团队目标,就要具有"将项目做到最好、做到这个行业最大、做到业界第一"的野心。如此,才能朝着这个目标不断奋斗,才能制定出合理的战略方法。连这点野心都没有,还如何把项目做大做强!

2. 沃尔森法则——信息的价值比金钱更重要

沃尔森法则由美国企业家 S. M. 沃尔森提出,大意是:只要将信息与情报放在第一位,金钱就会源源不断地向你涌来。如何理解呢?相信很多人都听说过日本"尿布大王"的故事,让我们再来重温一下,可能读完之后,答案也就明了了。

日本尼西奇公司主要生产雨伞,董事长叫多博川。一个偶然的时机,多博川看到一份人口普查报告,报告显示:日本新出生的婴儿有 250 万。看到这个数字,多博川心中一惊,这么多婴儿,多少尿布才够用啊!如果每个婴儿每年最低消费两条,一年就是 500 万条,其市场潜力不可小觑。而当时,还没有生产量这么大的纸尿裤厂。

多博川看到了机会,立刻转产尿布,经过多年的发展,其尿布销量已经占据世界总销量的 1/3,他本人也因此被称为"尿布大王"。

不可否认,多博川就是抓住了人口普查报告中的数字和信息,才获得了成功。虽然说,金钱是企业追求的目标,可是对于信息和情报的获取,

第二章 计划实施与目标管理

同样不能忽视。因为,只有掌握了第一手的资料和信息,才能抓住机会,创造佳绩。

1988年春全国钟表订货大会在山东济南正式召开,来自全国各地的众多钟表商聚集到济南,来为自己的产品做宣传。可是,订货会开了两天,没有一家钟表厂收到订单,参加订货会的人都只是来看看、问问价,根本就不下单。众钟表商家郁郁寡欢,思考着对策。

第三天,上海表厂打出了自己的广告——产品降价30%以上,有的品种甚至降到一半,客户立刻都拥到上海表厂的展位。其他表厂看在眼里急在心里,纷纷打电话回厂请示,开会研究、报告请示、决定降价……等到他们明确要降价的时候,时间已经过去,生意都让上海表厂揽走了。

上海表厂之所以能够想出降价的策略,就是因为注意到订货商仅看不买的游移态度。上海表厂了解到这类信息后,便果断降价,将订货商的注意力吸引了过来,最终成了钟表订货会的一大风景。其他厂家没有在第一时间抓住市场变化的信息做出决断,也只能望洋兴叹了。

古人云:知己知彼,百战不殆。企业的发展,就是对市场信息合理利用的过程。早一步了解信息,就能知道客户需要什么,就能知道自己的竞争优势在哪里,继而提前做好准备,取长补短。从这个意义上来说,沃尔森法则简直就是引领市场的风向标。

要想在变幻莫测的市场竞争中脱颖而出,企业就要准确快速地得到各种情报:市场有什么新动向?竞争对手有什么新举措?客户的偏好是什么?获得这些情报后,果断迅速地采取行动,及时调整产品战略,企业才能放开手脚,大展宏图。

3. 皮京顿定理——明确目标是企业发展的基石

美国皮京顿兄弟公司总裁阿拉斯塔·皮京顿认为,无法了解工作的准则和目标,就会对工作失去信心,就无法集中注意力,有了目标才能有动力!

埃莉诺·罗斯福在本宁顿学院读书时，为了补贴生活，打算在电讯业找一份工作。父亲知道她的想法后，就将她引见给了自己的好友——萨尔洛夫将军。

当时，萨尔洛夫担任美国无线电公司董事长，当埃莉诺·罗斯福来到他办公室时，他热情地接待了她，并微笑着问："你想做什么工作？"

埃莉诺·罗斯福想都没想，就回答说："随便，什么都行。"萨尔洛夫脸上的笑容不见了，严肃地对她说："任何工作都不叫'随便'！"埃莉诺·罗斯福一愣。

停顿片刻后，将军盯着她，说："作为你的长辈，我要提醒你的是：成功的道路是目标铺出来的。连具体的方向都不明确，你如何走？"

听了将军的话，埃莉诺·罗斯福感到羞愧极了。

寻找工作，连具体想做什么都不知道，还能做出什么成绩？这个故事告诉我们，方向不明确，也就失去了行走的动力。

哲人告诉我们："伟大的目标构成伟大的心灵，伟大的目标产生伟大的动力，伟大的目标形成伟大的人物。没有远大的目标，就会使人失去动力，就会使人失去信心！"其实，这里所说的目标，指的就是我们所说的方向。行走在人生之路上，连自己要到达的方向和目标都不知道，肆意而走，不仅容易懈怠，还会遇到危险。

工作的标准及目标是员工的行为指南，缺少了它，员工的努力方向和公司的整体发展方向，就可能不一致，造成人力、物力资源的大量浪费。缺乏工作标准，时间一长，员工就容易形成自满情绪，工作懈怠。

员工的工作热情与动力来自明确的目标，只有行动有了明确的方向，自己的行动和目标有对照的标准，清楚地了解前进的速度和达到目标的距离，动机才能得到保持与加强，才能自觉地克服重重困难，努力实现自己的目标。

对于企业的管理者及领导者来讲，最重要的一个责任就是，为下属确定一个明确的工作目标，让他们明白自己应该干什么，并向他们提出工作要求，让员工创造出更高的绩效。目标会使员工产生巨大的压力，从而激励他们加倍努力；相反，假如员工对团队的发展目标不清楚，对自己的职责没有清晰的了解，必然会大大降低目标对自身的激励作用。

团队行为的效率依赖于清晰的目标及明确的指令，管理者是团队系统的发令者，必须保证指令的明确性和稳定性，让下属正确理解管理者的想法，如此，才能制订出详细周全的计划，促进团队工作任务的顺利完成。

4. 吉格勒定理——确定目标后要勇于实现

吉格勒定理的提出者是美国行为学家J.吉格勒，他认为，只有具备大气魄，才能成就大事；只有占据高起点，才能到达高点。很多人确实聪明，但最终却一事无成，不是因为他们的天分不够，而是因为他们缺少壮志雄心；缺少勇往直前、迈向成功的动力；缺少一个远大的奋斗目标。不管团队或个人能力多强，缺少高远的目标，都会一事无成。

迪布·汤姆斯从小就喜欢吃汉堡，对汉堡情有独钟，1969年他在美国俄亥俄州开了一家汉堡餐厅，并将店名定为温迪快餐店，温迪是他女儿的名字。与当时遍及美国各地的连锁快餐比起来，温迪快餐店简直就是一只小虾米。为了让自己的店铺发展起来，迪布·汤姆斯为自己制定了一个高大上的目标——赶上快餐业老大麦当劳！

20世纪80年代，美国的快餐业竞争非常激烈。麦当劳为了保住自己的地位，费了不少心思。汤姆斯认识到自己的处境，决定走填空路线，了解到麦当劳把顾客定位为十几岁的青少年之后，汤姆斯便将自己的顾客定位为20岁以上的青壮年群体。

为了吸引顾客，汤姆斯改善了汉堡肉馅，多放了些牛肉。就是这个小举动为温迪赢得了一个不小的成功，得以跟麦当劳抗衡。

1983年，美国农业部做了一次调查，发现麦当劳号汉堡包的肉馅不足四盎司，与他们的宣传背道而驰，有夸大之嫌。迪布·汤姆斯瞅准了这一机会，

邀请著名影星克拉拉·佩乐,为自己拍摄了一则广告,内容是:

一个面容和善的老妇人喜滋滋地看着桌上巨大无比的汉堡包,当她打开汉堡包装正要享用的时候,诧异地发现其中的牛肉非常小,只有指甲盖那么大!立刻,她的脸上便出现了丰富多彩的表情:疑惑——惊奇——大喊。这一系列的表情,成功吸引了人们的注意力,直到她喊出:"牛肉在哪里?"人们顿然醒悟,哦!原来,牛肉量不够!人们心知肚明,这则广告就是在影射麦当劳。

广告一经播出,立刻就引起了民众的关注。一时间,"牛肉在哪里?"成了众人相谈的时髦话题。结果,温迪快餐店的支持率飙升,营业额一下子就上升了18%。之后,凭借着不懈的努力,温迪快餐店的营业额年年上升,到1990年的时候甚至高达37亿美元,成功占据美国市场,位居美国快餐业第三。

在开始时心里就要抱有一个高目标,从一开始就要知道自己的目的地在哪里,以及自己现在在哪里。朝着自己的目标不断前进,迈出的每一步都会让你离目标更近一步。

一次,水平差不多的长跑运动员分为三队参加马拉松长跑,里程为20公里。

第一位教练告诉队员:"今天,我们要参加一次长跑拉练测试,全程20公里,这是我们之前从来没有过的挑战,你们愿不愿意参加,有没有信心挑战一下自己?"结果,三分之一的人表示愿意,三分之二的人放弃。最后,比赛下来,只有零星几个人实现了自己的目标。

第二个教练没有告诉队员路程有多远,只是说:"下面,我们要完成一次长跑测试,大家有没有信心?"教练说得比较模糊,队员不知道挑战到底有多大,都信心十足地回答:"有!"全员参与,教练则在一边鼓励。跑到一半,有人跑不动就放弃了,有些人跑了三分之二的路程,坚持不住,最后放弃。结果,有三分之一的人跑到终点,成绩明显好于一队。

第三个教练提前在每隔一公里处都放了一块牌子,牌子上写着到达终点的距离。他告诉队员："你们需要跑20公里,加油!"队员慢慢跑起来,每跑完一公里,就会看到一个牌子,看到自己离目标越来越近,队员们都觉得非常高兴。最后,所有队员都完成了这次拉练任务。

这个故事告诉我们:团队想要实现一个目标,不仅要告诉每个员工这个目标的距离,还要做出激励,把大目标分解成许多个可行的小目标;更要随时告诉成员,我们离目标有多远。

制定目标不是目的,实现目标才是目的,因此要想建造高效能的团队,就要引导员工积极去实现目标。

5. 目标置换效应——实现目标的方法不是目的

目标置换效应是美国的管理学家约翰·卡那提出的,指的是:在实现目标的过程中,关心工作完成的情况,会让方法、技巧、程序等问题占据一个人的大脑,从而让其忘掉对目标的追求,就将"工作完成了没有"这个问题换成了"工作如何完成",实现目标的方法不是目的!

第一次世界大战结束后,很多美国人都感到精神极度空虚,失去了面对现实的勇气。很多年轻人都会在指间夹着一支香烟,满脸失落和沮丧,烟劲十足的雪茄备受年轻人的欢迎。菲利普·莫里斯烟草公司看到了其中的商机,着手推广自己的香烟品牌——万宝路。

开始的时候,万宝路的定位是女士香烟,品牌推广时,广告画面是:一个美丽妖娆的女郎正悠然自得地抽着香烟。员工都信心满满,觉得广告效果一定会不错,这么漂亮的美女,谁不会看两眼?可是,虽然美国的吸烟人数不断上升,但万宝路的销量却没有起色。看到这个问题,管理层进行了研究,最后认为,问题出在香烟的颜色上。女人们都喜欢涂抹口红,抽烟时,鲜红的口红会被染在白色的烟滤嘴上,看起来很不雅。于是,万宝路的烟嘴就被换成了红色,可是销量依旧没有起色。

管理层百思不得其解,不断地寻找万宝路销量持续走低的原因。既不是质量问题，也不是广告宣传，更不是价格……在长达十几年的解惑及摸索中，菲利普·莫里斯公司遇到了著名的营销策划大师李奥·贝纳，于是公司请他为企业策划一个更好的香烟销售方案。

李奥·贝纳对香烟市场进行了调查及思考，意识到，要想提高万宝路的销量，就要为万宝路重新定位，从女士香烟变为男士香烟，改变一下香烟的内在成分和外在形象，用阳刚男人代替魅力女郎。经过这一系列的改变，万宝路上市不久就赢得了消费者的喜爱及好评。没过多长时间，万宝路便从一个无名小卒变身为名牌香烟，位居美国香烟销量榜的前十名。

不可否认，万宝路的成功在于使用了不同的方法和策略。为了实现目标，使用哪种方法都可以；只要方法正当，只要有利于目标的实现，都可以为我所用。

失败的管理者总是无法确定自己的方向，胡乱定位、盲目寻找，最终失去发展的机会；在错误的决策中徘徊，只能离自己的目标越来越远，最终得不偿失。

项目的实施过程，会时时刻刻面临目标置换的问题，因为整个过程总会出现一些权力空隙。这时，一定要授权给人事部，概括起来就是人权、事权、财权等三权。假如没有这些权力，跟分公司总经理、拟转岗人员、拟转岗人员的直属主管等进行沟通时，就容易受到抵触，从而导致目标变化。

获得充分的授权，并通过建立在充分授权基础上的合理沟通，就能防止目标管理中的目标置换。因此，在企业实施目标管理的过程中，必须重视充分授权上的合理沟通，避免目标错位。

6. 咸鸭蛋理论——资金周转是企业发展的根本

咸鸭蛋理论是由台湾宏碁电脑公司的创始人施振荣提出的。施振荣退休后，到世界各地进行巡回演讲，每次演讲都会提到咸鸭蛋的经营哲学。

第二章
计划实施与目标管理

小时候施振荣家里生活条件不好,非常穷,为了做生意养家,妈妈甚至不惜借高利贷。

但是,妈妈可以选择的生意一共有两个:一个是卖咸鸭蛋。咸鸭蛋的零售价不高,大概三块钱一斤,毛利率是10%,也就是说卖一斤咸鸭蛋能挣三毛钱,但咸鸭蛋容易破、容易坏,不易贮存,不易运输。第二个生意是卖笔记本。笔记本不怕摔,不会坏,毛利率有50%,因此,只看利润率,卖笔记本最合适。但是,妈妈最终选择了咸鸭蛋,因为咸鸭蛋收入的是现金,资金周转比较快。

做实业、做投资,一定要记住这个资产收益率。赚钱的生意,第一,要看能不能够产生现金流。有现金的生意才是一个好的生意。第二,看它能不能产生比较好的资产收益率。资产收益率=利润率×周转率,这就是赚钱的基本公式。

沃尔玛是全世界最大的零售企业,商品定价采取平价策略,它是如何挣钱的?从表面上看起来,沃尔玛每成交一元钱只能苛来两分钱的利润,然而一元钱每天周转一次,一年就能获得72%的利润,对企业来说,这样的利润着实惊人。这就是沃尔玛挣钱的原因。

宏图三胞的总部位于南京,成立三年便成为中国最大的IT零售卖场。2004年7月,甚至还创造了七天零售额过亿的业界奇迹!它是如何做到的,它的资金周转率为何这样快。

1. 规模效应。宏图三胞的定位是大型终端零售商,整个卖场都是自营产品。战略定位不一样导致规模效应也不同,宏图三胞获得的规模利益是:厂家的供货量比较大、价格比较低;账期更加优惠,现金持有量比重增加,现金周转比较良性;巨大的销售量让厂家非常乐意与其合作,宏图三胞能独家销售品牌的新产品;宏图三胞向厂家定制专门产品。

2. 扁平直供模式。宏图三胞采用"厂商→宏图三胞连锁店→消费者"模式,有效降低了成本,大大提升了流转速度和效率。其直供方案非常简单:将采购需求直接告诉厂家,厂家只需短短的十几天时间就能完成装配生产，大大节省了广告费、分销商与经销商等费用，资金周转速度快，减少了积压，降低了成本。

3. 库存信息化管理。宏图三胞使用完整的"XP系统"，该系统犹如企业的神经，控制着采购、组装、生产、销售、出入库、调拨等整个供需链流程，库存的准确率高达99.8%，库存下降30%，库存周转七天一次，每年的资金周转能够达到50次，即能够赚50次钱！

快速周转，是时代的产物。不注重资金的周转率，片面地追求高利润，利润率越高，风险越大。

在商品短缺的时代，只有将商品囤积起来，才能挣钱；然而换作今天，这样做，只能赔钱。在商品过剩、现金成为主流的今天，最好的创富手段就是——降低价格，提高周转率。

过去，最有效的赚钱手段是提高销售价格——提高利润率。如今，只有降低销售价格，提高周转率，才能实现盈利。过去利润高但赚钱比较少，因为卖得少；如今利润低，但赚钱比较多，因为卖得比较多。

两种周转，两种境界！"用别人的钱赚钱"是每个生意人的梦想，最显著的效果就是：大量地产出大量的现金。一定要记住，资金的周转才是企业生存的根本。

7. 登门槛效应——清楚你手里有什么钥匙

何为登门槛效应？先来看这样两个小故事：

故事1：

很久很久以前，有个年轻人为了拜师学艺，来到了少林寺。师父感受到他的诚心，便收下了他。可是，师父什么都不教他，每天都让他到山后的小溪处用手拍水。一晃就是三年，在师父的要求下，年轻人下了山。

想想自己的经历，年轻人觉得自己一事无成，仅在少林寺拍了三年水，白白浪费了时间，非常沮丧。回家后，村里人都来看望他，想看看他学了

第二章
计划实施与目标管理

什么本事。

年轻人非常为难,因为他觉得自己没有学到任何东西。看着邻里们的神情,他一阵心慌,情急之下,用手一拍桌子站起来,结果桌子被劈为两半。

看到这一幕,人们感到很震惊,大声喝彩道:"真是好本事,不愧是少林上身!"大家纷纷伸出了大拇指。这时候,他才意识到,师父教给了自己什么。

年轻人本来以为师父没有教自己什么,可是当他用手一拍桌子的时候,才发现了自己的能力。而这种能力的获得,却是慢慢积累的,甚至还慢到连年轻人都没有注意到。这也告诉我们,成功的获得需要一点点积累。这就是典型的登门槛效应,只有一节一节地登,才能登到最高处。

故事2:

一个小和尚跟随师父学武艺,师父没有教他具体的招式,而是将他领到了牛圈里,同时,给他布置了每天的课业——放小牛!庙前有一条小河,每天早上小和尚都要抱着小牛跳过河,傍晚的时候再抱着小牛跳回来。小牛一天天长大,小和尚的臂力慢慢地增长,最后小和尚居然臂力非常,还掌握了绝妙的轻功。

这也运用了典型的登门槛效应。

登门槛效应由美国著名社会心理学家弗里德曼和弗雷瑟于1966年提出,为了证实这个法则,他们甚至还做了一个现场实验,试验内容如下:

工作人员随机访问了一组家庭主妇,让她们将一个小招牌挂在自家的窗户上;一段时间后,工作人员再次访问了这组家庭主妇,让她们将一个大而破的招牌放在庭院里,只有一半的家庭主妇照做。同时,其他工作人员还随机访问了另一组家庭主妇,让她们将大而破的招牌放在自家的庭院里,接受者还不到20%。

前一组家庭主妇的同意率之所以比较高,是因为在向她们提出比较高的要求前,先向她们提出了较小的要求;而后一组的家庭主妇同意率之所以如此低，是因为缺乏前期铺垫。简言之，前一组家庭主妇的同意率之所以比后一组家庭主妇高，是因为人们都想给他人留下表里如一的印象。

　　心理学家觉得，在大部分情况下，人们都不愿意接受较高较难的要求；相反，却乐于接受比较小的、更容易完成的要求。实现了较小的要求后，人们才会慢慢接受较大的要求，这就是所谓的"登门槛效应"。明代洪自诚曾经在《菜根谭》中说："攻人之恶勿太严，要思其堪受；教人之善勿太高，当使人可从。"说的也是这个道理。

8. 手表定律——谁才是实现目标的关键

　　手表定律指的是，同时拥有两块以上的手表并不能更好地帮人判断时间，反而会出现混乱，看表的人会对时间失去准确判断。

　　只有一块手表，就能准确地知道时间；拥有两块或两块以上的手表却无法准确地知道时间，反而会让看表的人产生疑虑。因此，多了不见得就好，只有确定一个，才能找到问题的答案；只有找到关键的那一个，才能得到自己想要的答案。

　　美国在线和时代华纳的合并就是一个典型的失败案例。

　　美国在线是一家年轻的互联网公司，它们的企业文化强调：工作人员操作要灵活、决策要迅速，所有的一切都要为企业目标——快速抢占市场服务。而时代华纳的企业文化则强调：在长期的发展过程中建立起诚信，重视创新精神。

　　两种企业文化的价值观完全冲突，因此在两家企业合并后，管理层都不能提出一个可以解决两种价值冲突的方法，导致员工根本就不知道企业未来的发展方向是什么。最终，美国在线和时代华纳"和平分手"。

　　想要搞清楚时间，有一块走时准确的表就可以了；要想获得发展，坚持一种企业文化就行了。太多的文化，太多的原则，太多的目标，都会将企业搞得焦头烂额。

第二章
计划实施与目标管理

手表定律给企业经营管理带来的启示是：对同一个团队目标，同时采用两种不同的方法，只能使企业无所适从。只有找到了实现目标的关键，才能加快目标的实现。

9. 跳蚤效应——永远不要给自己设限

生物学家曾做过这样一个实验：

工作人员将跳蚤随意向下一抛，它就能从地面上跳起一米多高。在一米高的地方放个盖子，再让跳蚤跳，它会反复撞到盖子；一段时间后拿掉盖子，虽然跳蚤还在继续跳，但高度却达不到一米以上了，直至累死，都是这样。

为什么会出现这种情况？理由非常简单！调节了跳的高度后，跳蚤对该高度有了适应力，不会改变，因此就会一而再，再而三地按照该高度向上跳起。对于企业来说，同样如此。在我们身边，很多企业都知道自己想要什么，却迟迟不行动，根本原因就是缺少能够将众人聚集在一起的目标。

有这样一个真实的案例：

1952年费罗伦丝·柯德威克从卡塔林纳岛出发，打算游到距离这里21英里的加州海岸。如果游渡成功，她就是第一个游过该海峡的女人。电视台进行了实况转播。

柯德威克进入水中，出发了。为了实现自己的目标，她开始快速游。时间一点一点流逝，电视前数以万计的观众都紧绷着神经。

渡海游泳，疲劳是很正常的，最大的问题是极低的水温，刺得骨头生疼。15个小时后，在海水的连续刺激下，柯德威克渐渐失去了知觉。海水特别冷，冻得她身体发麻；雾很大，连护送自己的船只都看不清楚。

柯德威克知道，自己不能再游了，就叫人将她拉上船。陪同她的母亲和教练坐在另一条船上，紧跟其后，听到她的请求，他们劝告她："你现在已经离海岸不远了，很快就到了，不要放弃。"

柯德威克再一次放眼望去，可是大雾遮住了加州海岸，她自己什么都看不到。坚持了几十分钟后，她实在觉得没有希望，便让工作人员将她拉上了船。这时，她才知道，她上船的地点距离加州海岸仅有半英里。

从寒冷中恢复过来的柯德威克感到非常沮丧，记者问她，为何会在即将到达终点的时候放弃了。她说："真正促使我选择放弃的不是疲劳，不是寒冷，而是在浓雾中看不到自己的目标。"

两个月后，柯德威克再次游渡，结果成功地游过了这个海峡。

对于柯德威克这样的人来说，只有目标明确，才能鼓足干劲完成自己的任务。对于企业来说，更是如此。企业想要取得发展与成功，也需要为自己设定一个合适的目标。一旦给自己设置了限制，心中就会有所畏惧，积极性就会受到抑制，事情也就无法完美完成了。

哈佛大学曾对一群智力、学历、生活环境等客观条件相当的年轻人做过一个长达25年的追踪调查。25年后，调查对象的状况是：目标清晰的人，人生目标几乎都没改过，一直都在向目标前进，都成了各行各业的成功人士；短期目标清晰的人，通过多年的努力，大都生活在社会中上层，是优秀的专业人士，例如医生、工程师等；目标模糊的人，大多生存在社会的中下层，过着安稳的生活，没有做出特别突出的成绩；没有目标的人，生活在社会最底层，抱怨连天。

"自我设限"是一件悲哀的事情，正如跳蚤之所以会最终累死，并不是他们失去了跳跃能力，而是因为多次受挫后习惯了、麻木了。同样，很多企业之所以无法实现自己的梦想，其中一个重要的原因也是给自己设定了一个高度，不懂突破！

1988年，有66家企业参与竞夺美国国家品质奖。大多数参赛单位都是行业巨头，如IBM、惠普、柯达等，但它们都是以部门来参赛的，而摩托罗拉却以整个公司作为参赛单位。

为了赢得这项奖项，摩托罗拉从1981年开始就着手准备，甚至还专门派出一个侦察小组，到世界各地的优秀制造机构进行全方位考察，不仅了解了他们的工作方式,还看到了他们对工作的精益求精。之后,以此为参考,摩托罗拉给员工布置了首要任务——大幅降低工作错误率。只要员工发现错误并指出来,公司就给予奖励。这一举措,让产品错误率降低了10%,但摩托罗拉依然感到不满意。

之后,公司又设定了新目标:所生产的电话的合格率达到99.997%。为了实现这个目标,企业还给每个员工一张皮夹大小的卡片,上面写着公司的目标;同时,还找专业公司制作了一盒录像带,解释了原因。

1988年,因为减掉了昂贵的零件修复及替换工作,摩托罗拉一共节省了2.5亿美元,收入增加了23%,利润提高了44%,最终夺得美国国家品质一等奖。

这就是目标的作用!目标能让员工产生强大的积极性。想改变处境的管理者很多,但最后真正能实现的非常少;而凡是能做到的,都有着清晰明确的目标。

10. 篮球架定律——努力就能实现的目标更具诱惑

篮球架定律告诉我们,目标不仅要指向未来,还要富有挑战性,才更有效。

很多人都打过篮球,也都明白与踢足球相比,打篮球投进一个球要比踢足球进一个球更容易。原因何在?这和篮球架的高度有一定的关系。如果篮球架的高度有两层楼高,进球就不容易了;反过来,要是篮球架只有普通人那么高,进球也就容易了。但是,这样就没人愿意玩了。正是因为篮球架需要跳起来才能够得着,才让篮球成为众人喜爱的世界性体育项目。

这也告诉我们一个道理:"跳一跳,才能够得着"的目标最具吸引力,对于这样的目标,人们才能用最大的热情去追求。所以,想要调动员工的积极性,设置目标就要让员工跳起来就能够得着。

篮球架定律的提出者是美国管理学家埃德温·洛克,他认为:目标专一，行动才能专注，要想获得成功，就要制定一个能够激励员工为之努力的目标。目标并不是越高越好，而要符合实际。

每个人都有自己独一无二的特点，都有别人无法模仿的优势，只有好好利用这些特点及优势去制定适合自己的目标和步骤，才能取得成功。

企业制定目标，首先要制定一个总的高目标，还要制定更完善的目标实现步骤，千万不要想着一步登天。设定的目标，员工够得着，才会积极努力，才能一个个地实现，企业才能站在成功的顶峰。

那么，如何才能知道目标是否合适呢？可以从以下三个方面去考察：一是目标具体，设置精确观察及测量的程度；二是目标难度，控制好目标实现的难易程度；三是目标的可接受性，只有被员工认可的目标，才能激发出员工的积极性。

第三章 战略与决策管理

1. 博弈规则——要知道你的对手在想什么

所谓博弈，是在游戏规则下，基于彼此作用的环境条件，参与者依靠自己所掌握的信息，做出相应的行动，达到利益最大化，实现风险成本最小化。简言之，就是人与人之间为了谋取利益而竞争。

通俗地说，博弈是游戏中的一种选择策略。博弈的英文为"game"，大部分情况下可以翻译成"游戏"。而在西方，"game"的意义与翻译过来的"游戏"不尽相同。在英语中，"game"即人们遵循一定规则的活动，目的是让自己获胜。而如何使自己获胜呢？不仅要考虑自己的策略，还要考虑他人的策略和选择。

生活中，博弈的事例有很多，只要涉及人群互动，就会存在博弈现象。例如，在一个星空万里的夜晚，你参加了一个同学聚会，同学很多，你玩得非常开心。这时，屋里突然失火，火势很大，无法扑灭，你想逃生。面前有两道门，左边一个，右边一个，需要你在两道门之间做出选择。关键是，其他人也要从这两道门逃命。如果你看中了多数人都选择的，就会非常拥挤、冲不出去，最后可能会被烧死；相反，如果看中了较少人选择的，就有希望逃出去。

对竞争对手进行深入分析，是企业取得市场竞争的重要因素；对竞争对手的分析做得不全面，只能做出错误的判断和决策。只有对竞争对手进行深入而细致的调研，从中获得第一手数据资料，才能为企业做出正确的决策提供重要的理论依据。

跟竞争对手抗衡的过程也是一个博弈的过程，要想在博弈中取胜，首先就要知道对方在想什么。

2. 标杆管理——向最优秀的企业发起挑战

标杆管理法是美国施乐公司于1979年首次提出的，充分地体现了现代知识管理中追求竞争优势的本质特性。西方管理学界将其与战略联盟及企业再造并称为20世纪90年代三大管理方法。

施乐公司开始仅在公司内的几个部门做标杆管理方面的工作，1980年后扩展到整个公司。施乐公司是如何提出标杆管理法的呢？当时，施乐以高技术产品复印机作为主力项目，有些日本厂家用比施乐更低的价格出售类似的复印设备。受其冲击，施乐公司的市场占有率从原来的49%下降到22%。

为了应对挑战，公司最高领导层制定出新的管理方法，改进产品质量，提高员工的劳动生产率，由此产生了标杆管理法。公司的做法是：首先做客户调查，调查客户公司的满意度，并将公司的产品质量及售后服务等与领先企业进行对比。其次，提出解决方法。对比分析的结果，使公司相信从产品设计到销售、服务及雇员参与等方面都需要进行改变。最后，公司确定改进目标，制订详细的实施计划。

通过标杆管理，施乐公司大大地降低制造成本，产品开发周期也缩短25%，人均收入增加20%，并使公司的产品开箱合格率从原来的92%上升到后来的99.5%，公司重新赢得了行业领先地位。

施乐公司的标杆管理对象，不仅放在同行竞争对手上，还扩大到非同行的竞争对象上，并将其他行业的产品进行了全方位比较与研究。研究项目不仅以某种产品作为目标，也能以管理过程中的某个环节作为目标，以改进管理水平、提高产品质量为中心。比如，发现公司在处理低值货品上的浪费特别大，就针对浪费问题，专门组织一个由几个副总裁参与的标杆管理小组，进行标杆管理分析活动。

同时，施乐还向其他行业学习和请教，快速且准确地完成订单。如此，不仅实现了产品改进，还成功赢得了竞争对手；不仅让企业获得了发展，还能保持一定的竞争优势。

其实，标杆就是榜样。这些优秀的榜样在业务流程、制造流程、产品、设备及服务方面所取得的成就，就是后进者瞄准及赶超的标杆。

古语云："以铜为鉴，可以正衣冠；以史为鉴，可以知兴替；以人为鉴，可以明得失。"其实，做企业也是如此。

标杆管理方法很好地展示了现代企业管理中追求竞争优势的本质特性，不仅实用，而且应用范围广泛。比如市场营销、人力资源管理、成本管理、产品开发、部门管理等各方面都已经有所涉猎，杜邦、Ford、IBM、Kodak、通用等知名企业都成功运用了这一原理。同样，国内企业如海尔、李宁、雅芳、联想等也在学习标杆管理方法，并取得了不菲的绩效。

麦当劳从创业到如今已经五十多年，在世界上也是名声赫赫，仅连锁店就有近三万家，遍及世界119个国家，成为世界餐饮业的顶尖企业。

仔细研究起来，麦当劳的成功同样离不开标杆管理。麦当劳对自己的每个工作细节都进行了模版化、简单化、标准化等运作。很多人之所以会慕名来麦当劳就餐，就是因为其在很多人心中留下了不可替代的回忆。

麦当劳的总裁克罗克曾说：我们的竞争者也卖汉堡、肉饼，价格也差不多，但说到薯条，它们就比不上了。他说，任何竞争者都不能和我们竞争薯条。麦当劳的薯条一直是全世界的行业标杆，下面我们来看看麦当劳究竟对薯条做了什么。

首先，起步时，为了改善薯条品质，麦当劳投入300万美元，建立了专门的实验室，研究什么样的土豆更适合做薯条，最终获得了让世界惊叹的成绩，1962年麦当劳连锁店超过400家。

同时，麦当劳还对加工进行了一番改革。德斯普兰店开张后，得知北芝加哥有家热狗商店，薯条炸得不错，克罗克就谦虚地前往学习，学会了芝加哥薯条的炸法，之后应用到麦当劳餐厅。经过一年多的实验，发明了能够控制油温的电动控测器，炸薯条的时候可以控制油锅里的热油。这种对油温的自动控制，提高了炸薯条的效率，使薯条的品质得到了保障。这就是如今麦当劳薯条的标准炸法：时间为3分钟，2分45秒的时候机器会自动提醒，油温保持在168℃，工作环节都是机械化的、数字化的，简单直接。

可见，麦当劳的成功确实离不开标杆管理。标杆管理之所以能够被各大企业重视并在世界范围流行，就是因为它能给企业带来巨大实效，会促使企业不断学习。

企业业绩不是一成不变的，唯有不断追求最佳，才能获得持续的竞争力，才能所向无敌。它的作用主要表现在：提高企业经济绩效，进行企业绩效评估，促进企业学习，并持续改进，制定企业战略，衡量企业工作好坏，增长企业潜力，实行企业全面质量管理。这种渐进的管理方法，不仅能让企业进行整体的最佳实践，也能进行标杆比较；不仅能使企业的视角更开阔，还容易使企业吸取其他企业的优势，为己所用。

3. 巴菲特定律——不从大流，方得成功

巴菲特是美国"股神"，巴菲特定律就是他的一条至理名言，是他在金融投资圈摸爬滚打多年积累的经验。

从20世纪60年代用低价收购了濒临破产的伯克希尔公司开始，巴菲特就连续创造了一个又一个难以想象的投资神话。有人计算过，假如在1956年祖父母留给你一万美元，并要求你与巴菲特一起投资，你的资金就能获得两万七千多倍的回报。

在美国，伯克希尔公司的净资产排名第五，其之所以能够取得这样的成就，就是因为巴菲特一直信奉这样一条定律：在众人相中的地方投资，是不可能发财的。

很久很久以前，商人甲拎着两袋大蒜，骑着高大的骆驼，一路跋涉，来到了遥远的阿拉伯。当地不种大蒜，人们自然也就没有见过大蒜，品尝之后他们发现，世界上还有味道如此好的东西，于是用当地最高的接待方式款待了商人甲，临别时还赠给他两袋金子做酬谢。

商人乙听说了这件事后，兴奋不已，他觉得大葱的味道也不错，就带着一些大葱来到阿拉伯。当地人同样也没见过大葱，甚至觉得大葱的味道比大蒜的味道还要好，更加盛情地款待了他。为了表示感谢，他们打算拿出最好的东西。可是，他们却觉得，金子远不能表达出他们对商人乙的感激，经过多次商讨，最后将两袋大蒜赠给了他。

比别人快一步，就能占尽先机，得到金子；落后一步，生搬硬套，得到的可能就是大蒜！由此可见，只有勇敢地走自己的路，不从大流，才能抓住机会，才更容易成功。

井深大与盛田昭夫是日本索尼公司的创始人，最初经营时他们就立志要"引领时代新潮流"。一次，井深大在一家广播公司看到一台美国造录音机，抢先买下了专利权，日本第一台录音机投放市场后，受到了消费者的好评。

1952年，美国研制成功"晶体管"，井深大立刻飞往美国进行考察，果断买下了这项专利，回国后仅数周便生产出第一支晶体管，取得了良好的收益。当其他厂家也转向生产晶体管的时候，索尼则已经着手生产世界上第一批"袖珍晶体管收音机"了。

采用"人无我有，人有我转"的战略，索尼的新产品总能以最快的速度投放到市场中，赚取经济效益。这再一次提醒我们，企业要想做得更大更好，就要有自己的特色，不论是营销特色，还是产品特色，不从大流，方得成功。

第三章
战略与决策管理

4. 费斯法则——在得到第二个之前，别扔掉第一个

所谓费斯法则指的是，在拿到第二个以前千万别扔掉第一个。此原则由美国管理学家 P.S. 费斯提出，它告诉我们：在激烈的市场竞争中，计划与调查有时并不能让我们做出最好的决策，只有步步为营，才能百战百胜。

可口可乐和百事可乐都是全球著名的饮料品牌。在 20 世纪商战史上，最激烈的市场争夺战就是可口可乐与百事可乐的战争。两家企业都占据着世界饮料绝对主导地位，百事可乐攻势猛烈，可口可乐勇敢反击，谱写了一场为人们津津乐道的商界传奇。可是后来，占据绝对优势的可口可乐最后因为一个错误决策，丢掉了自己的老大地位。

20 世纪 80 年代，百事可乐运用自己的年轻优势，蓄势而发，看到时机成熟，便对可口可乐展开了新一轮冲击。经过精心策划，著名 BBDO 广告公司为百事可乐策划出一系列宣传广告：一份称作"白纸"的备忘录，备忘录里规定了百事可乐未来的基本方向，广告语是"奋起吧，你是百事可乐新生代生龙活虎的一员"。此口号不仅迎合了年轻人对潮流的追求，还吸引了中老年人。年轻人想摆脱传统的生活方式，年龄大的人想显示自己的青春活力，于是可口可乐便成了"陈旧、老派、落伍"的代表。

为了拉回被百事可乐夺去的新一代人群，可口可乐耗资 400 万美元，在 1985 年 5 月修改了沿用了 99 年的"神圣配方"，推出了一种"新可口可乐"。然而"新可口可乐"的推出，却让可口可乐掉进了每况愈下的深渊。

在新配方推出前，可口可乐在美国及加拿大的几大城市做了大约 27 万人次的广泛调查，调查的结果表明：美国人和加拿大人都想要追求一种新的生活方式，觉得可口可乐的古老配方缺乏竞争力。之后，"新可口可乐"被推上历史舞台，老配方可乐的生产销售被停止。

新产品推出后，可口可乐每天都会收到六百多封抗议信及一千五百多次的抗议电话，有些消费者甚至还上街游行，抗议可口可乐推出新产品。

百事可乐乘此机会，推出了"既是好配方，为何要改变"的广告语。可口可乐陷入了空前的危机。

"新可口可乐"的推出忽视了一个非常重要的因素——人们对一个有历史的品牌的感情支持。可口可乐与百事可乐最大的不同就是可口可乐历史久远，陪同美国一代人走过了战争，是美国精神的象征。新产品的推出，伤害了消费者对老品牌的忠诚度，他们觉得可口可乐已经不是正宗的产品了。

面对种种压力，可口可乐不得不恢复原有配方，并将其命名为古典可口可乐，并在产品的商标上标明"原配方"；同时，下架了新可口可乐。这样，一路狂跌的公司股票才得以重新回升，可是，依然造成了巨大的损失，可口可乐丧失了市场领导地位。

在消费者被可口可乐搞得茫然无措时，百事可乐又借机推出了一个绝妙的攻击广告：

"要哪一个？"店员问道。

"我只要一听可口可乐。"

"噢，我们这里有好几种可口可乐，有古典可口可乐，也就是新可口可乐出现之前的那种。新可口可乐也就是你们认为的老的那种……它是专门为你们最新改进的可口可乐。除了可口可乐外，它的确是正宗的老可口可乐。但是，如今它成了新的可口可乐，我说这些你能明白吗？"

这段话好像是绕口令，即使客户再冷静，也会感到不耐烦。为了挽回先前的损失，可口可乐立刻着手反击，在百年庆典上大做宣传。但是，依然无法彻底抹杀之前的错误决定，跟百事可乐争战的格局并没有发生改变。

1985年，可口可乐和百事可乐的市场销售比是1.15∶1；到了1993年，百事可乐以250.21亿美元的销售额位居世界最大工业公司的第48位，而可口可乐仅排在第94位。百事可乐经过一番战斗，终于成为世界饮料市场的新霸主。

从软饮料市场的绝对领导者，到最后失去霸主地位，可口可乐的教训值得我们深思。可口可乐的致命伤是,新饮料还没有在市场站稳脚跟前,就急着将老饮料停产。虽然后面也采取了补救措施,但依然产生了巨大的负面效应,令其失去了独霸市场的地位。

社会每时每刻都在变化发展,环境也瞬息万变,企业不可能总是精确地预测到竞争对手的行为,消费者的行为也充满了不确定性,要想在激烈的竞争中占据有利位置,在拿到新产品之前,千万不要放掉自己手里已有的,尤其是当你手里的东西对你来说特别重要的时候,更要如此。

5. 鳄鱼法则——该舍弃时就要果断放手

鳄鱼法则是从鳄鱼的捕食习性上总结出来的一个管理原理。

鳄鱼长相丑陋、异常凶残,在河边行走的人,如果不小心被鳄鱼咬到一条腿,想用另一条腿把鳄鱼踹开,只会激怒鳄鱼,将你的两条腿死死咬住。要想快速远离危机,就要果断地放弃已经被咬住的腿,及时止损,这就是有名的鳄鱼法则。

鳄鱼法则最关键的两点 其一,鳄鱼的顽强和凶残;其二,人类的侥幸心理。

鳄鱼的捕食方式不同于狮子、老虎等大型动物,狮子、老虎捕食的时候喜欢搞突袭,打不过就撤退;而鳄鱼只要咬住了猎物,不管猎物如何挣扎,也不会松口,直到将猎物撕碎吞入肚中。鳄鱼的意志非常强,只要猎物到了鳄鱼的嘴里,多半都是跑不掉的。任何生物都不想成为别人嘴里的美餐,一旦被鳄鱼咬住,都想侥幸逃脱,会想方设法挣扎扭动,可是越挣扎,鳄鱼咬住的地方就越多,逃亡的希望就越小。如此,要想逃命,就要果断放手!

如果想摆脱鳄鱼法则对自己的束缚,就不能存在侥幸心理,对于得失,要做理性分析。聪明之人之所以要运用鳄鱼法则,是为了避免给自己带来更大的损失;愚昧的人,则会不断挣扎,最后把自己全都赔进去。企业战略的执行，也许能成功99次，可是只要有一次违背了鳄鱼法则，就能把前面的99次努力全部输光。

因此，一旦发现了自己正在犯错，就要立刻终止行动，快速离场，而不要尝试争斗、避险或其他无谓的方法。

6. 路透法则——眼光决定企业的发展

路透法则告诉我们，只有看到别人看不到的东西，才能做成他人做不成的事。

常识并不是真理，企业良好运作需要社会及职场常识的运用。但是，常识并不能与真理画等号。在很多人眼中，企业的成功并不局限在对常识的理解及应用上，而在别人眼光所不及的地方看到赚钱的商机。

比尔·盖茨之所以能够成为世界首富，是因为他手里掌握着全球的电脑软件生意；马云之所以能成为令众人崇拜的人物，就是因为他抓住了21世纪互联网的机遇。可见，眼光决定着一个人的未来，管理者的眼光如何，决定着企业的未来发展之路。

盛大网络公司在纳斯达克上市，陈天桥凭借65%的盛大股份收获了88亿元的财富。只用了五年时间，陈天桥就位居2004胡润IT富豪榜的榜首。他认为，自己之所以能获得成功最重要的是眼光，是网络游戏成就了自己。

其实，即使陈天桥当时没有发现游戏的价值，同样也能找到其他创业的好点子，关键不是他看上了什么，而是他有一双能够发现机遇的眼睛，能够看到商机。

同样一件东西，智慧不同，用法不同，效果也会截然不同——差别不在于东西，而在于如何用、会用不会用，这是一个眼光问题。

比尔·盖茨曾说过这样一句话："我从来都是戴着望远镜看世界的。"只有将自己的眼光放长远，才能拥有大格局，才能到更广阔的天地去努力、去奋斗。对于商人来说，经营眼光决定着他的生意能否做大以及具体的赚

第三章
战略与决策管理

钱方式。拥有一县的眼光，就能做一个县城的生意；拥有一省的眼光，就能做一个省份的生意；拥有世界眼光，生意也会遍及全世界！

在奥地利首都维也纳往北大约 30 公里处，有个叫施托克劳的小镇。小镇的东头，有一间老字号酒馆，老板叫作莫卡尔，父亲去世时将酒馆传给了他。年轻的莫卡尔接受了父亲的小酒馆，一经营就是几十年，如今他已经是个满头白发的老人，脸上写满了岁月的沧桑，但酒馆依然保留着当年的样子。

一天，一辆装饰豪华的马车停在了酒馆门前，一对夫妻从车里走下来，他们衣着华丽，看起来有五十多岁的样子。莫卡尔热情地将客人迎进酒店，为他们安排好座位，给他们端来最好的葡萄酒和烤牛排。

这对夫妻一边喝酒一边聊天，片刻之后，男士把莫卡尔叫了过来，问："莫卡尔，你不认识我了吗？"莫卡尔仔细打量了男士好一会儿，摇摇头说："我在这里已经生活太久了，见过的人不计其数，记不起来了，请问您是……"

"我叫斯特拉蒙，36 年前，我在这里买过一张乐谱。"

"乐谱？"莫卡尔仔细搜索着自己的记忆，终于想了起来。那时的斯特拉蒙长相清瘦，衣着简朴，在镇上剧院当乐手，休息的时候经常会来这里喝酒。有一天，他对莫卡尔说："老板，我想买你一件东西。"莫卡尔疑惑地问："你想买什么？只要我店里有，都可以卖给你。"

"一张纸，准确地说，是一张乐谱，上面画满了琴线及小豆芽。"看到莫卡尔一脸迷茫的样子，斯特拉蒙又说："两年前，有一个 17 岁的少年……"

那个冬天特别冷，外面大雪纷飞，一个少年走进了酒馆。他背着一个琴盒，衣服非常单薄，为了抵抗寒冷，他紧缩着自己的身子，可是没用。他跟酒馆要了一杯葡萄酒，小口小口地喝，同时还在一张纸上写着什么。过了一会儿，他又要了一碟烤牛排。他写得非常专注，吃得津津有味，等他打算离开的时候才发现，没带钱。少年一阵尴尬。他难为情地对莫卡尔说："我不是故意的，要不我为您的客人拉琴吧！"莫卡尔答应了。顿时，琴声便在酒馆中弥漫开来，悠扬婉转，客人们听得如痴如醉。离开的时候，少年将那张乐谱留在了酒馆。

莫卡尔一直都保留着那张乐谱，听说斯特拉蒙需要，他将乐谱找出来，送给了他。斯特拉蒙高兴极了，说："就是它！真是太好了！你要卖多少钱？"莫卡尔想了一下，说："这首曲子非常美妙，它值100份葡萄酒及烤牛排。"

莫卡尔知道，这个价格简直就是漫天要价，他只想试着要点钱，因为他留着乐谱也没用。没想到，斯特拉蒙直接付了钱，笑呵呵地拿着乐谱走了。

三十多年的时间一晃而过，看着眼前这个贵气十足的男士，莫卡尔一阵恍惚，问："您现在在做什么呢？"斯特拉蒙说："我现在什么也不做，主要工作就是带着妻子游玩，我们已经去过很多地方……"

"不工作，到处游玩，需要很多钱吧？"

"的确需要花很多钱，不过没关系，我赚的钱这辈子也花不完。"

莫卡尔问他："您是做什么生意的？"

斯特拉蒙说："我这辈子只做过一笔生意，就是跟您用100份葡萄酒加烤牛排的钱，买了一张乐谱。之后，我便用这张乐谱赚了很多钱，足够买下100间像您这样的酒馆。"莫卡尔惊讶不已。斯特拉蒙告诉他："那个拉琴的少年叫莫扎特，1791年去世，仅活了35岁。"

不可否认，斯特拉蒙之所以能够获得巨大的财富，就是因为在别人还懵懂无知的时候他已经发现了莫扎特乐曲的潜力。这就是眼光。斯特拉蒙眼光独到，从莫扎特创作的那首曲子中，他发现了自己的音乐潜质。贫困潦倒中的莫扎特写的乐谱，在很多人眼中就是一张废纸，斯特拉蒙却发现了它的价值。

在我们身边，喜欢想象的人数不胜数，但能够把想象变为现实的人少之又少。优秀的管理者不会漫无边际地幻想，他们会在原有的基础上，打破常规,结合现实,向更高的层次思索。这不是一个简单的想象力问题,而是成功体现了管理者的成功潜力,更代表了企业的未来。

7. 马太效应——通吃才是大赢家

马太效应,是社会学家与经济学家们经常会用到的一个术语,马太效应反映了一种两极分化现象,即赢家通吃。这一术语来源于《新约·马太福音》中的一则寓言:

从前,有一个国王很会赚钱,出远门之前,他把三锭银子交给三个仆人,每人一锭,并吩咐他们:"你们去做生意,我回来时,会召见你们。"

国王回来了,第一个仆人说:"主人,我用您交给我的一锭银子赚了十锭。"国王非常高兴,奖励他十座城邑。

第二个仆人说:"主人,您交给我的一锭银子,我只赚了五锭。"国王很满意,奖励他五座城邑。

第三个仆人报告说:"主人,你给我的一锭银子,我不敢擅自使用,一直包在手帕里,藏在家里怕丢,从来没有拿出来过。"国王收回了第三个仆人的一锭银子,并将这锭银子赏给了第一个仆人,说:"凡是少的,连他所有的,都要夺过来;凡是多的,还要不断给他,让他多多益善。"

这就是"马太效应"的来源,这则寓言反映的是当今社会中普遍存在的一个现象,就是赢家通吃。

"马太效应"指的是老子思想中的"人之道"的思想。品牌资本的马太效应指的是,一个行业或一个产业的产品及服务,品牌的知名度越大,品牌的价值也就越高,消费者的忠诚度也就越高,所占的市场份额也就越大;反之,品牌的知名度越小,品牌的附加价值就越低,消费者的忠诚度就越低,占有的市场份额也就越小,会导致利润减少,直到被市场淘汰。

星巴克品牌就用马太效应创造了奇迹。对于华尔街,星巴克是众多投资者心中的安全港,在过去的十多年间,其股价翻了22倍,收益之高远超通用、百事、微软和 IBM 等大公司。星巴克是如何创造这一奇迹的？舒尔茨认为，星巴克的最大优势就是与合作者相互信任，在企业的高速发展中保持了企业价值观和指导原则的一致性。

品牌资本的核心价值是标准和技术，衍生价值是消费者对品牌的认可和品牌营销系统的构建。最高形态的资本是企业的品牌价值，无形形态的资本是企业知识产权的价值，固化形态的资本是企业的机器设备和不动产。对于企业来说，一流企业出标准，二流企业出技术，三流企业出产品，四流企业出效益。只有通吃，才能成为大赢家。

8. 斯隆法则——有争论才有高论

斯隆法则是美国通用汽车公司总裁 P. 斯隆提出来的，指的是：不论是做什么决策，只有针对不同意见进行讨论，才能得出结论；没有不同意见，意见相同，很容易出问题。斯隆法则给管理者的启示是：在决策时，只有经过多方的争论，才能出现对企业发展有利的结论。任何决策的制定都不能突发奇想仓促行事，必须将各种因素充分考虑进去，之后认真加以分析比较，才能最后实施。

对于一个问题来说，没有两种或两种以上不同的意见，并不能说明管理者对这个问题的看法已经达成了共识，只能说明管理者对这个问题的认识还不够深刻，不能提出不同的意见。这时如果立刻采用大家都认可的方案，结果多半不会令人满意。唯有对一件事情有了多种预备方案，有了多种不同意见，管理者才能集众人之长发现各种方案的优缺点，才能更全面地了解问题，看清问题的本质，选择出最好的。所以，出现多种方案的时候，管理者必须加以比较分类再进行战略布局。

事实证明，几乎所有失败的决策都是在独断专行中产生的。在检讨自己失败的原因时，巨人集团总裁史玉柱说："巨人的董事会是个空架子，所有的决策都是我一个人说了算。结果，因为我一人的失误，给集团带来了巨大损失。"

其实，除了巨人，很多企业决策都是独断型的。很多企业家都扮演着创业者、决策者、所有者与执行者的角色，虽然也有董事会，但下属只能听意见，不能提出异议。可是，决策权过度集中在少数高层手中，尤其是一人手中，会产生巨大的负面效应。如果决策人还掌握着企业的所有权及经营权，他人无权对其进行干预，危险就更大了。

中国企业和发达国家企业间最大的差距并不是管理层次的操作技巧，而是企业内部的各种机制，其中重要的一条就是约束机制。企业家的真正进步不是自己"一言堂"，而是把企业交给职业经理人管理；如果经理人达不到董事会的目标，就可以将其解聘，另请高人。简言之，就是要用职业经理人的个人失败来避免公司的失败。

要想杜绝刚愎自用的决策，要想减少失误，管理者就要从自身做起，主动征求他人意见，形成自己的智力团队，在众多意见中选出最好最合理的决策。利用权力独断专行，或许能在短时间内提高团队效率，但从长远的角度来看，忽视了自身的偏见及决策缺点，决策实施后，多半都会对企业造成负面影响。

企业管理者不仅要从制度上进行适当改革，更要树立博采众长的理念，保证企业处于科学的发展轨道上；否则，即使改变了制度，管理者也会想方设法争权决策。

9. 卡贝定理——选择性放弃也是一种成功的策略

卡贝理论是美国电话电报公司前总经理卡贝提出来的，他认为，放弃是创新的钥匙。这一理论告诉人们：在没有学会放弃之前，很难明白什么是争取。

在企业的经营决策中，很多人经常会将目光放在自己没有的东西上，不断争取、获得，甚至掠夺，全然不管它对企业有没有用，更不会注意其是否会给企业带来危害。身上都是包袱,交战的时候,撤退就会非常难;无法勇敢地实施撤退,只能接受致命的一击。

一个毕业生向一位成功人士请教成功之道。成功人士拿了三块大小不等的蛋糕放在青年面前:"如果每块蛋糕代表一定程度的利益,你选哪一块?"

"最大的那个!"青年不假思索地回答。

成功人士笑了笑,对他说:"那好,请吧!"

成功人士把那块最大的蛋糕递给了这位毕业生,而自己却吃起了最小的那块。

成功人士吃完后,拿起书桌上的最后一块蛋糕开始大口吃了起来。年轻人马上明白了成功人士的意思:我吃的蛋糕虽然没有你的大,我却比你吃得多。如果每块蛋糕代表一定的利益,那么这位成功人士所占的利益自然就更多。

做企业就像吃蛋糕,要想将自己的企业发展壮大,管理者就要有战略性眼光,要学会放弃,唯有放弃眼前的诱惑,才能赢得更多的利益,获得长远的发展。

日本精工舍是一家世界著名的大企业,主要生产手表,销售情况长期占据世界第一。它之所以能够取得如此成绩,关键在于第三任总经理服部正次实施了放弃战略。

1945年服部正次被正式任命为精工舍第三任总经理,一上岗,他就对市场做了分析,认真研究后,制定了"不着急,不停步"的战略,将质量作为工作重心,将钟表王国瑞士作为赶超对象。

十多年的时间转眼而过,可是精工舍依然没做出来能赶上瑞士表的表。服部正次觉得,要想从质量上超过瑞士,还需要做些努力。经过多方面的考虑,服部正次放弃了与瑞士表在传统机械表制造的比拼,生产出一种新产品——石英电子表。与机械表比起来,石英表的最大优势就是走时准确。1970年,石英表进入市场,引起了世界轰动。20世纪70年代后期,精工舍的手表销量突飞猛进，跃居世界第一。

放弃是一种基于战略的科学价值判断，是一种以退为进、以守为攻、收放自如、张弛有度的战略智慧。精工舍之所以能够取得如此大的成功，就是因为服部正次懂得放弃。

成功的企业不会一成不变，也不会故步自封，它们会进行理性的放弃，放弃陈腐的管理体制、落后的产品或守旧的观念，继而获得新的生命力，使企业发展得越来越好。

瑞士军事理论家菲米尼曾言："一次良好的撤退，跟一次伟大的胜利一样，应该受到奖赏。"在紧要关头，主动舍弃自己喜欢的，才能求得更好的出路。这是企业家的一种胆略和气魄，更是一种决策智慧。

只有有计划地放弃传统的东西，才能追求创新。

只有有计划地放弃陈旧的东西，才能追求发展。

只有有计划地放弃不利的东西，才能富有远景。

10. 冰山定律——了解真相之前不要轻易决定

海明威在其纪实性作品《午后之死》中，以"冰山"为喻，认为作者在写作的时候，只能描绘出"冰山"露出水面的部分，而水下的部分则要通过文本的提示让读者自己去想、去补充。他说："冰山运动之雄伟壮观，是因为它只有八分之一在水面上。"这就是著名的冰山定律。

冰山定律告诉我们，人类肉眼可以看到的冰山仅仅是浮出水面的部分，这部分仅占冰山总体积的10%，剩下的90%是无法看到的，因为它们都深藏在大海深处。浮出水面的部分，是个非常小的侧面，任何人都无法看到整体的样子及真正的内部。因此，很多时候，我们以为"眼见为实"的东西却也不一定是"实"的，直观的感觉并不能代表你对事物的全面了解。

决策是团队为了实现内在目标而对未来一定时期内企业运作方向、内容及方式的选择或调整。诺贝尔奖的获得者罗伯特·西蒙教授觉得：管理就是决策,决策是管理的中心。决策贯穿于管理过程的方方面面,存在于一切管理的领域,存在于管理中的每个方面、每个环节、每个层次;决策不仅确定管理的方向与目标,还为达到管理目标提供行动方案,并且优化这个方案。面对各种挑战及处在复杂多变的环境中,管理者要审时度势、纵观全局,及时做出反应与决断。

通用集团在进行完企业变革、业务重组、裁撤冗员等后,面貌大改。可是,杰克·韦尔奇却觉得,仅做到这些还不够,只有减少现有的管理层次,才能让管理者最大限度地发挥潜能。

韦尔奇将这项策略行动称为"减少层次",就是创立一种不受约束、形式开放的组织机构。在通用电气公司,过多的管理层次引发了很多不必要的麻烦,阻碍了通用电气培育开放性思维;过多的控制只会限制管理者的思维,降低他们的决策正确率,阻碍他们跟上社会发展的步伐。

过去,通用电气的管理结构非常繁杂,每个人都拥有一个看似必要实则无意义的头衔。经理的主要工作就是监督下属的日常工作,对各种文件进行收发。韦尔奇觉得,毫无意义的工作只能在一定程度上降低决策效率,管理者将自己的全部时间都用在文件的阅读上,就无法在问题出现之前感知到问题的存在。

为了提高办事效率,韦尔奇减少了公司的管理层,将经营策略职能从高级经理者转移到事业部主管身上,使整个程序变得简单且迅捷,继而逐渐提高了企业的竞争力。

美国一位管理学家曾向企业高层管理者提出以下三个问题:"你每天的工作重心是什么?""你每天花费时间最多的方面是什么?""在工作的时候,什么是你觉得最困难的?"结果,九成以上管理者的答案都是"决策",决策的重要性显而易见。

美国兰德公司决策执行顾问马利奥曾经说:在世界众多的倒闭企业中,85%的问题都出在决策者的决策不慎上。一人一事都关系着整体的发展,每招每策都预示着成功与否。

20世纪50年代，美国《财富》杂志统计出全球500强企业，如今在此榜单里还存在的企业不到1/3。换句话说，六十多年前500强企业到今天仅有一百多家还存在，大多数企业已经面临破产或倒闭，或被其他企业兼并。这些企业的失败，大部分都是由于管理者的决策失误。

决策失误，是管理者出现概率比较高的问题。对企业管理者来说，比较容易出现的问题是决策上的失误，而最不容易被发现的且最难以解决的问题则是决策失误。当然，企业发展的好坏并不仅决定于决策，但决策失误的确高高地排在所有容易出现的问题之首。

11. 隧道视野效应——短视之人很难看清未来

对于一件事情来说，现在如何并不重要，重要的是将来怎样。要想对未来进行科学的预测，在掌握专业知识的前提下，就要将眼光放长远。预测到将来，并坚定不移地去做，就能实现目标和理想。明智的管理者都不会沉浸于利益的追求中，他们还懂得放弃眼前的小利益来获得更大的利益。

在全世界快餐业当中，麦当劳是名副其实的巨无霸。仔细研究其发展史就会发现，麦当劳之所以能取得这样的成就，并不是创始人麦当劳兄弟的功劳，而是瑞·克罗克。

克罗克的前半生过得异常坎坷，年过五十仍没有任何变化。一次，他在看自己的业务报表时发现有一家名字叫麦当劳的汽车餐厅生意特别好。克罗克灵光闪现，是啊！随着生活节奏逐渐加快，快餐店必然会越来越受到年轻人的青睐。于是，克罗克找到麦当劳兄弟，决定跟他们一起做生意。

为了吸引更多的顾客，提高营业收入，麦当劳努力改善营业环境，为客户提供配制份饭、送饭上门、轻便包装等服务，扩大了业务范围，增加了服务种类……在克罗克的有效经营下，顾客越来越多，生意也越做越好。

同时，克罗克没有忘记自己的想法，建议麦氏兄弟开设连锁店。在克罗克的不懈努力下，麦当劳在全美国的连锁店迅速达到两百多家。克罗克看到了未来快餐帝国的前景，决定买下麦当劳，独自单干。

这件事在当时引起了很大的轰动，而快餐也借着人们的口口相传深入人心，大大提高了知名度。1968年麦当劳已经拥有上千家店铺，十年后翻了五倍。如今，已经有七万多家店铺，遍及全球数百多个国家与地区。

企业的成功离不开管理者长远的眼光，着眼于事业的将来，就等于成功了一半。隧道视野效应告诉我们，身处隧道，看到的只是前后狭窄的空间，视野非常狭窄。要想拥有远见及洞察力，就要开阔视野，因为只有视野开阔才能看得高远。

12. 吉宁定理——永远不要害怕犯错

吉宁毕业于康奈尔大学，拥有管理学硕士及人力资源管理博士学位，他认为，真正的错误是害怕犯错误。这就是著名的吉宁定理。

人非圣贤，孰能无过？一个人从呱呱坠地到白发苍苍，从青春年华到耄耋之年，就是一个不断犯错、不断改正错误的过程，在这个过程中不断地成长、成熟。害怕犯错误，一定会踟蹰不前；踟蹰不前，又是一个错误。

约翰·潘博顿是一名亚特兰大的药剂师，1886年5月的一天他在自家的院子里调制出一锅饮料。这种饮料不仅能提神、解疲，还具有镇静作用。之后，潘博顿将这锅液体带到药房，让助理魏纳伯倒入一些糖浆、水、冰块，之后搅拌均匀。品尝后，两人都觉得味道不错。

为了再次体会这种感受，魏纳伯决定再倒一杯。可是，在他倒第二杯的时候，不小心将含有二氧化碳的水放入了其中。搅拌均匀后，他又倒了一杯，结果味道更加美妙了。

感受了这种饮料的巨大作用，他们将它当作一种普通的解渴饮料来销售。因为里面含有古柯叶和可乐果，便起名为"可口可乐"。今天，可口可乐已经受到世人的喜爱，其消费量也异常惊人。

可口可乐的出现，居然是犯错导致的。有谁能想到这个问题？一种人们喜闻乐见的饮料，居然会是工作人员犯错中发现的。这个故事再一次提醒我们，错误与失败都是通往成功的基石，悉心研究它们、利用它们，就能有所收获。

沃伦·巴菲特是全美最富有的投资家之一，经营着全世界股票价格最高的公司之一——伯克希尔·哈撒韦公司。其实，虽然很多人都对该公司的评价比较高，但众人不知道的是，投资伯克希尔公司是沃伦·巴菲特的失败行动之一。

伯克希尔的前身是一家即将倒闭的衬衣生产厂，沃伦·巴菲特觉得，自己带领员工一起努力，一定能让公司焕发出新的生机。当时，针织品制造业在其他国家都市场反应良好，但在美国却比较低迷。为了扭转这一趋势，巴菲特做了很多努力，但终究没有找到让公司走出困境的方法。然而，巴菲特却从这一失败中找到了获得巨额财富的好时机，财富得以迅速积累。

说到错误，可能很多人都会避之不及。因为人们都想追求成功，而不是错误和失败。可是，错误也是实践的一种结果，虽然犯了错，但至少说明管理者曾经努力过。错误和正确是一对孪生兄弟，都能给我们带来新的契机。只要思维敏锐，善于洞察，不管结果如何，都有利于决策的准确制定。

13. 史密斯原则——与强者共舞，进步才能最大

史密斯原则是：无法战胜敌人，就加入到他们中去！这个原则是美国通用汽车公司前董事长约翰·史密斯提出来的。这一原则告诉人们，没有永远的敌人，只有永远的利益。

移动互联时代，传统的竞争方式已经发生了巨大变化，为了制定正确的战略和决策，为了让企业获得生存与发展，不仅要与对手展开竞争，还要与对手携手合作，建立起以利益为主的战略联盟。因为，只有与强者共

舞，才能取得最大的进步、最多的成绩。

森林里，一只兔子正趴在一个山洞前认真地写字。一只狐狸走过来，好奇地问："兔子，你在写什么？这么认真！"兔子抬起头回答说："我正在写论文，论兔子怎样吃掉狐狸。"

狐狸觉得非常好笑，你这么小个儿怎么可能吃掉我。兔子看了看满脸不屑的狐狸说："不信，你就跟我过来。"它们一起进了山洞，几分钟后，兔子出来了，狐狸却没有出来。

兔子继续在那里写字。一只狼看见狐狸进去后一直没出来，感到很好奇，也走了过来，看见兔子，问："兔子，你在写什么？"兔子回答："你没看出来吗？我在写论文，论兔子怎样吃掉狼。"

狼也觉得兔子的话特别好笑，心想我一口就可以把你吃掉，你怎么可能吃掉我。兔子看了看狼，说："不信，你跟我来。"它们进了山洞，几分钟后，兔子出来了，狼却没有出来。

兔子依旧趴在那里写着它的论文。这时，一只老虎走了过来，看见兔子的样子，不解地问："兔子，你在干什么？"兔子回答："我正在写论文，论兔子怎样吃掉老虎。"

老虎觉得兔子简直就是异想天开，自己是百兽之王，只有它吃别人的份儿，怎么会被他人吃掉？兔子看了看老虎，说："你不相信，请跟我来。"于是，老虎跟着兔子进了山洞。

几分钟后，兔子走了出来，后面跟着一只狮子。兔子在论文末尾处加了一句："如果无法凭自己的能力战胜敌人，就要与比敌人更强的强者携手合作。"

兔子之所以能够战胜比自己强壮的狐狸、狼和老虎，就是因为它借助了狮子的力量。虽然有种狐假虎威的意味，但这种与强者合作的意识，依然值得提倡。

如今，社会竞争愈发激烈，想过踏实安稳的日子，也只是企业的一厢情愿。在企业身后，不仅有同行在跟你抢夺资源，还有像狐狸一样狡猾的

第三章
战略与决策管理

企业也在算计你,甚至还有许多人正准备吃掉你。要让企业获得长远发展,就要跟强者合作,提高自己的竞争力。在企业还没有成为狮子的时候,就要找个强大的狮子来合作,因为借力也是一种重要战略。

二十多年前,比尔·盖茨创建的微软公司一点知名度都没有。后来,微软研发了一些办公软件,投放到市场,才开始进入大众视野。当时的电脑业大亨是IBM,跟它比起来,微软就是小白兔,而IBM则是狮子。可是,比尔·盖茨心中一直有个理想——将公司发展成像IBM一样的大公司。

当时,人们都认为,只有发展电脑硬件才能赚钱。但是,比尔·盖茨却觉得,个人计算机必然会成为未来电脑发展的主方向,为它提供服务的系统软件也会越来越重要。于是,他便将众多成员集合到一起,努力开发研制新型系统软件。

听说西雅图计算机产品公司研制出一种基于8086的QDOS操作系统,盖茨便用合适的价格买下了它的使用权和所有权。之后,盖茨让自己的研究人员不断改进,终于研制出自家的操作系统——MS DOS系统。

可是由于当时的微软还没有站稳脚跟,无法独自将这款操作系统推向全世界,只好向IBM寻求合作。而当时的IBM正想往个人计算机方向发展,也在寻求合作伙伴。看到微软在软件开发方面具有独特优势,两家企业便开始了合作。微软借势发力,快速发展起来。

如今,很多人的口头语是:即使自己很穷,也要混迹在富人堆里!因为只要跟百万富翁在一起,自己再不济,也会身家几十万。有机会,与李嘉诚、柳传志、马云等探讨切磋未尝不可,关键要跟他们站在一起。一旦争取到和强者合作的机会,即使是名不见经传的小企业也能迅速壮大,抬高身价,增强实力。因此,从这个意义上来说,选择比努力更为重要!

企业间的合作与竞争,说到底都是人与人之间的利益争夺。只要有利于企业发展,竞争与合作有时是可以同时并存的;只要有利于营销的增加,就要敢于跟强者合作。

14. 沸腾效应——企业危机的解决在于抓关键

在成功心理学中，人们把关键因素引起的本质变化现象，称之为沸腾效应。即水烧到99℃时，没开，价值有限；再添一把火，在99℃的水温基础上再烧，再升高1℃，水就会沸腾起来，并产生大量的水蒸气，就可以产生动力，能够用来开动机器，继而获得巨大的经济效益。

这里的1℃就是关键因素，这1℃能使水发生质的变化，从液体变化为气体。

2015年10月7日，一组以《至少，青岛还有他们》为题的图片在网络上发布出来。网友爆料称，在青岛市乐凌路"善德活海鲜烧烤家常菜"吃饭时遭遇宰客，点菜时向老板确认"海捕大虾"38元一份，结果结账时变成38元一只，一盘虾的价格高达一千五百多元。之后，这一事件经过更大网络媒体的转载，不断发酵，引发了全国人民的关注，甚至连境外媒体也进行了大量报道。这就是有名的"青岛天价虾事件"。

经过众人的围观、吐槽、调侃和谩骂，山东极力打造的"好客山东"形象尽毁，确实令人可叹可悲。这件事，完全可以从危机公关的角度来分析。

游客发现被宰后，立刻报警，开始民警却说这事不归他们管，之后就走了；再打110，不出警。后来，老板拿棍子威胁，说有人吃霸王餐。警察来了后，依然没有处理这一事件。没人在第一时间站出来说话。或许，任何人都不会意识到，就是这样一个小小的宰客事件，最后却发展成了一次严重事件。由于相关部门没有在第一时间做出反应，延误了危机处理的最佳时间，造成了极大的负面影响，也对山东的形象造成了极大的负面影响。

要想将危机处理掉，首先就要在速度上下功夫，应该迅速了解情况、迅速查明事实真相、迅速召开记者会、迅速发布对外声明、迅速做出判断，在第一时间将事态控制住。危机持续的时间越长，对品牌形象的伤害也就

第三章
战略与决策管理

越大。一天没有调查结果，危机持续的时间就会延长一天，天价虾的负面信息就会多传播一天，"好客山东"的品牌形象就会多受损一天。

社交媒体时代，公司没有秘密可言！危机事件一旦发生，企业要在第一时间采取应对措施。危机出现的最初 12~24 小时内，消息会像病毒一样以裂变方式广泛传播开来，公司的一举一动都会成为外界评判公司的主要根据。危机的解决，速度是关键。速度第一，是处理所有危机事件的不二法则。

一家知名的技术公司曾发布了一个有严重缺陷的软件，公司发现了这个缺陷之后意识到，如果要解决这个问题，需要大量的时间和资金。得知此事后，公司立即与客户沟通，找出问题，并向客户阐述了公司将要采取的行动和时间表，进而解决问题。同时，公司还对客户进行了赔偿，赢得了客户的尊重。公司由于信守对客户的承诺，赢得了客户的一致好评，不但没有因为该事件失去客户，反而赢得了不少新的客户。

随着社交媒体的出现，危机管理也发生了相应变化。速度是最大的变化。如果公司在过去 12 个月的时间里没有及时更新并测试其危机计划，没有把社交媒体纳入公司危机应对方案的核心，危机应对计划就是不可靠的。遇到危机，企业必须按秒的速度进行危机管理，等到掌握了所有信息后才做出响应，可能会失去解释的机会，把自己的声誉葬送掉。

在危机公关处理中，速度是决定危机能否消除甚至转化为机遇的关键。对于危机公关认识不足或反应速度迟缓，就会出现各种猜测、传闻和谣言；消费者对企业的负面印象越深，不利联想越多，就越可能造成危机的升级。移动互联时代，信息传播的速度是以秒来计算的，晚一步，都会让局面不可收拾。企业一旦遭遇危机，就要迅速做出反应，将危机扼杀在摇篮中，不要让危机持续扩散或升级。

第四章 领导力与员工激励管理

1. 坎特法则——管理者要尊重每个员工

坎特法则的提出者是哈佛商学院教授罗莎贝斯·莫斯·坎特，此法则是：尊重员工是企业人性化管理的必然要求，只有尊重员工的私人身份，让他们真正感受到被重视、被认可、被激励，他们才会发自内心地主动工作，才愿意与管理者打成一片，才会主动跟管理者沟通，才会心甘情愿为团队付出。

有家美国钢铁公司管理松懈，员工怠工，老板感到非常头痛。为了调动员工的积极性，老板给员工增加了工资待遇，可是员工依然我行我素、纪律松散。

老板急得团团转，最后经朋友介绍，请来一位知名管理专家，帮着解决这个棘手问题。

管理专家刚到公司，老板就说："好吧！只要到厂里绕一圈，你就会知道这些肮脏的懒种们到底哪里出了毛病！"专家一听，立刻就晓得毛病出在哪儿了。

诊断之后，管理专家给企业开出了"药方"："把男员工当绅士一样对待，把女员工当女士一样欣赏。如此，问题就能得到解决。"

老板对管理专家的建议将信将疑，管理专家说："你可以先试一星期。

第四章
领导力与员工激励管理

没有效果或不能够使情况变好,不用支付报酬。"老板点头同意。

十天后,管理专家收到一封邮件,上面写着:"谢谢,你的办法非常有效!如果您现在过来,一定会认不出来。员工奋发向上,团队和睦共处。这是一张支票,是您应得的报酬。"

"把男员工当绅士一样对待,把女员工当女士一样欣赏。"说白了,其实就是尊重员工。每个人都希望得到他人的尊重,忽视他人的人同样得不到他人的认可。只有尊重员工,员工才能对管理者多些好感,才能对工作多些兴趣,才能更加积极主动地工作。员工从管理者这里感受不到尊重,甚至还是蔑视,他们就会感到不舒服,继而就会从对管理者的反感进入对工作的反感,工作效率定然大幅降低。

尊重别人是管理者的基本素质,要想成为合格的管理者,要想提高自己在团队的声望,就要从尊重员工开始。通常,员工都喜欢有魅力、有高度自觉性及进取精神、懂得尊重员工的管理者。在这样的管理者手下工作,他们会将工作当作是生活的主要内容,愿意为工作付出,愿意为尊重自己的管理者分忧解难;如果员工能够持续受到尊重,持续得到管理者的认可,就更愿意与管理者相处了,甚至还能成为朋友和工作伙伴。

尊重员工就是要减少对员工的监督,给员工一个自由的空间,即使是在上班时间。领导者要最大限度地发挥自己的领导能动性,帮助员工做好时间管理,充分利用好自己的时间,做好自己职责范围内的工作规划及发展计划,用计划及目标管理员工。

如今,尊重员工的理念被许多企业奉为准则。有"硅谷常青树"美称的惠普公司觉得,人才最需要的是信任及尊重。"经营之神"松下幸之助曾告诉过高层领导者:"要想很好地激励员工,就要拿出激励的武器——尊重。"日本企业界的权威人士土光敏夫为日本经济振兴做过很大的贡献,其后半生更是取得了不俗的成绩,这一切都离不开他对员工的尊重。

土光敏夫68岁就任东芝社长,他不辞辛苦,遍访东芝各地工厂及营业所,同每个员工进行交谈,乐此不疲。一次,他到了川崎的东芝分厂,历任社长从来没有来过,看到土光社长过来,员工干劲满满。

土光敏夫觉得,管理者的责任是为员工提供一种良好的工作氛围,让员工将自己的特长充分发挥出来。土光敏夫的总部办公室完全对员工开放,欢迎员工过来讨论问题。刚开始,员工还踟蹰不前,不够踊跃,但是他耐心等待,半年之后便经常有人来跟他讨论问题。这种尊重员工的做法收到了非常好的管理效果,员工干劲十足,公司业务不断上升,并最终享誉全球。

在团队管理中,尊重员工确实是一个很好的激励方式。平等地与下属沟通交流,下属就会对管理者多一些信赖和了解;上级体察到下级的所思所想、工作能力和个人才华,才能知人善任、任人唯贤;理解了上司的心理,员工干起工作来才能应用自如、事半功倍。

"二八定律"告诉我们,热爱自己工作的员工只占到全部人数的20%,给员工时间让他们做好自己喜欢的工作,工作就会变得更有效率,成绩也会越来越高。一厢情愿地对员工灌输敬业奉献,是无法取得理想的效果的,甚至还可能适得其反。

担心员工管理不好自己,似乎有些杞人忧天。领导者要对员工的自我管理水平怀有信心,为他们提供及时的指导与帮助,引导他们正确认识及评估自己,帮助他们有效地规划自己的工作,合理安排时间,提高工作技能及知识储备,提高工作效率;同时,还要让员工学会对工作负责,主动承担责任,提高自我管理水平;最终,满足员工自我实现的追求,达到团队合作、共谋发展的目的。

2. 夏皮罗法则——了解自己的每个下属

夏皮罗法则是由杜邦公司的前执行总裁夏皮罗提出来的,主要内容是:将管理者的责任列一张清单,任何项目的作用都比不上沟通。这就告诉我们,跟员工沟通,对下属多一些了解,比什么都重要。

第四章
领导力与员工激励管理

团队中，管理者与员工之间经常会发生这样的交流场景：

员工："现在我对自己的工作状况感到失望，每件事都不如意。"

管理者："看来你对自己的现状已经非常不满了，有什么想法，说来听听！"

员工："噢，那我就实话实说。我们的生产已经比预期的时间滞后了一个星期，供货商没有按规定时间到达，我感到很难过……而且，我想从您那里获得帮助，可是您总不在办公室，找不到您。"

……

员工想找管理者征求意见，可是却找不到管理者，这是不是如今上下级关系的真实写照？"倾听"是沟通的重要环节，也是管理者必须具备的素质。上面的对话中，员工就是想尽最大努力消除上下级的误解，建立起一种友好、尊重的相处方式。相反，假如管理者坚决认为自己在所有事情上都没有错误，断定员工是个诉苦者，就会营造一个疏远的氛围。在这种氛围下，员工和管理者的沟通也会变得不舒服，无法实现有效的沟通。

杰克·韦尔奇在自传中花费大量笔墨详细介绍了被人们称为"活力曲线"的绩效评价制度。这个制度的基本构想是，各领导都要对成员进行工作业绩评价，要找出员工的长处和短处，还要知道他们已经取得的成绩以及需要改进的地方。

一天，华尔街日报记者就员工激励问题对杰克·韦尔奇进行了采访，韦尔奇慢慢地掏出一个大笔记本让记者看，上面画满了图表，图表上写着众多名字，反映了各员工的工作情况。韦尔奇告诉记者："这是一个动态的评估系统，通过评估，我能清楚地知道每个人适合的位置，员工朝什么方向去发展最有利企业的发展。"

韦尔奇了解员工的方法就是笔记本。晚清大将曾国藩也有这样的一个笔记本。

办团练的时候，曾国藩每天都要分别召见哨一级的军官数位，对他们从作战经历、家庭情况上进行全面考察，同时将自己观察到的情况都记录在笔记本上。做了两江总督后，曾国藩还为需要召见的人建立了一个档案，认真考察下属的业绩，给每个人都做了独特的标记。

为什么可以轻易地选拔出优秀运动员？因为现场竞技的存在，给了大家看到运动员能力与潜质的机会。因此，要想认识下属，最简单的方法就是，看看他怎样完成你交给他的任务。优秀的领导应该是经验丰富的教练员，明白怎样训练下属，知道怎样把表现优秀的下属选拔出来。

很多时候，我们连自己都无法全面了解，更不要说充分了解他人了。古语说得好"知己难求"，要想真正达到这种"知"的境界，绝非易事。而能够做到这一点的，一定是优秀的管理者。通常，管理者对下属的了解，可以从初级到高级分为三个阶段：

如果觉得自己了解下属的一切，你就处于初级阶段，比如下属的出身、教育程度、经验、家庭环境和成长背景、兴趣爱好、性格特点等。不了解这些内容，连初级阶段也达不到。了解下属的真正意义在于，不仅要知道下属的内心想法，还要知道他们的抱负、干劲、热忱、正义等。一旦跟下属在这些方面产生共鸣，下属就会将你当作知己，这样，你才算是了解了下属。

下属遇到不能解决的困难时，既能事先预测他的行动，又能给予其一定的支持和鼓励，就能更进一步了解下属，这就是认识的第二阶段。

第三阶段是要知人善任，最大限度地发挥下属的工作潜力。不仅会给下属安排足够艰巨的工作任务，锻炼他们的抗压能力及解决问题的能力，而且在其面临困境时，还能给予适当的指示，让他们顺利解决问题。

总之，要想对下属多一些了解，就要对下属多一些认识，多进行心灵的沟通。只要管理者对员工的认识多一些，就能将大多数下属安排到合适的位置上，发挥出他们的积极能动性。有些员工的言行具有欺骗性，无法一时认清，会给工作带来很大的负面影响，管理者要提高警觉，加以防范。

3. 南风法则——用合适的方法来批评员工

南风法则也叫作温暖法则，它告诉我们：温暖胜于严寒。"感人心者，莫先乎情"，作为一个企业管理者，在处理上下级关系时，要讲究工作方法；对待员工，要多一些温情。

法国作家拉封丹写过一则寓言：

一天，北风与南风比赛，看谁的力气大，只要能让行人将身上的大衣脱掉就算赢。北风骄傲地说："肯定是我。"说罢，寒风骤起，在刺骨的寒风吹拂下，行人都将自己身上的大衣裹得紧紧的。南风看到这个情景，微微一笑，慢慢吹动，接着气温立刻回升，天气晴朗无云，风和日丽，一阵阵暖意渗入行人身上，众人纷纷脱掉了抵御寒冷的大衣。最后，南风胜利。

实践证明，南风徐徐吹动的"柔"比北风凛冽刺骨的"刚"效果更好。管理只有像"南风"一样去深入、融入员工的心灵，才能营造"心齐、劲足、家和、气顺"的良好团队氛围，才能形成强有力的核心竞争力，才能创造出更多的成绩，让企业在逐渐激烈的市场竞争中处于不败之地。

所谓温情管理，指的是管理者要尊重员工、关心和信任下属，将员工作为企业的根本，多一点人情味，少一点官架子，帮员工将工作、生活中遇到的实际困难尽量解决掉，使员工真正感觉到管理者给予的温暖，让员工在工作中真正感到：企业制度虽然严，但始终有和谐春风吹过；工作虽然有压力，但更要有动力及希望，工作充满了快乐、幸福及愉悦。这样，下属出于感激，就会更加努力地为企业工作，维护企业利益。

每个人都希望被别人认可，希望别人可以表扬自己。管理者必须认识到这一点，在激励员工的时候，要让员工产生这种满足感。员工知道自己得到了企业的认可、领导的承认，受到了人们的尊重，实现了自我价值，工作的主动性就会提高很多。

有个非常出名的表演大师，一次在上场前，弟子看到他的鞋带松了，赶紧告诉了他。

大师点头表示感谢，蹲下身子，认真系好鞋带。等到弟子转身离开，他又蹲下来将鞋带松开。

后台采访的记者看到这一切，表示不解："您为什么又要将鞋带松开？"

大师回答道："今天我饰演的是一位跋山涉水身心劳累的旅者，长途跋涉之后根本没有心思注意鞋带是否是松开还是系好的，松开的鞋带正好可以表现出他的劳累憔悴。"

"你为什么不直接告诉弟子，难道他不知道这是表演的真谛吗？"

"他细心地发现我的鞋带松了，并且热心地告诉了我，我想保护他这种热情的积极性，及时给予他鼓励。为什么不当场告诉他？"大师顿了顿说，"以后教育的机会还有很多，可以下次再说。"

案例中，发现弟子没有看出自己对表演细节的用心，表演大师并没有大声责骂，反而对他的细心进行了嘉奖。如此，不仅不会打消弟子的积极性，还会让他对生活保持热情，为后面的教导埋下了不错的地基。

对于团队来说，刚入职的新员工即使工作得小心翼翼，发表的意见也可能是错误的，做的事也是错误的，就像是案例中的这位弟子一样。发现员工出于好心提了错误意见，不要直接指出来，要谦虚地接受并对他表示感谢，之后再寻找更好的机会婉转地提出，让他明白其中的道理。

假如你的说话态度与方法让对方生气，对方就会从一开始就与你对立，拒绝接受你所说的事实。一旦员工的积极性受挫，就不敢再提意见了；没有了创新与胆量，如何使公司发展呢？

管理工作中，上司批评下属不可避免，但是作为上司，却不能将对员工的批评当作理所当然。否则，一旦伤害到下属的自尊心，他们的工作态度就会变得异常消极，就会将注意力从工作上分散开，严重的时候也许会愤然辞职。因此，管理者一定要牢记：不到迫不得已，不要当着其他团队成员的面伤害下属，要维护下属的尊严和面子，让他们鼓足积极性与干劲。

批评是让人改正错误的方式，但是批评也要讲究艺术。恰当的批评会

第四章
领导力与员工激励管理

向下属敲响警钟，引导他们改正自己的错误；反之，则会适得其反。因此，在纠正员工错误、批评员工的时候，最好是在没有第三者在场的情况下进行。不然，再温和的批评也可能刺激或伤害到受批评者的自尊心。

批评下属，不分场合，会对管理工作带来不可估量的负面影响。如果确实要当众批评某个人，使用语言的时候一定要非常谨慎，千万不要伤了下属的自尊，否则就无法达到促进下属改进的目的。

4. 德西效应——物质奖励不能滥用

德西效应给管理者的启示是：如果员工还没有形成自发内在学习动机，从外界给员工一定的刺激，可以有效推动员工的工作积极性。但是，如果员工觉得工作本身确实有趣，如果这时再给员工一定的奖励，就有点画蛇添足之嫌了，搞不好还会起到适得其反的作用。

肆意地对员工进行奖励，会让员工把奖励看成工作的目的，促使他们转移工作目标，将注意力集中在当前的名次和奖赏上。所以，管理者要正确使用奖励方法，不能滥用，要避免德西效应。

心理学家德西在1971年做了一个实验：

在实验室里，他给大学生们布置了一些有趣的智力题。实验分三个阶段：

第一阶段，所有的被试者都没有奖励；

第二阶段，将被试者分为两组，实验组解决掉一个难题可以得到一美元，控制组没有报酬；

第三阶段，中场休息时间，被试者原地自由活动，把自己能否继续解题当作喜爱这项活动的指标。

结果，实验组（奖励组）被试者在第二阶段表现得非常努力，第三阶段继续解题的人数非常少，表明兴趣和努力的程度在不断减弱，而控制组（无奖励组）被试者有很多人愿意花更多的时间继续解题，且兴趣和努力的程度在不断增强。

德西通过实验发现：在一些情况下，当外在报酬及内在报酬兼得时，人们不但不会增强工作动机，还会大大降低工作动机。人们把这种规律称作德西效应。这告诉我们：进行一项愉快的活动，提供外部的物质奖励，反而不会提高这项活动对参与者的吸引力。

人是一种非常复杂的动物，如果想要让员工为团队努力工作，就要使用一些更细微的手段，充分满足员工的需求，激发他们的工作热情与干劲，提高员工的工作效率。

索尼的董事长盛田昭夫有个习惯——坚持到员工餐厅与员工一起就餐。就餐的时候，他会跟员工聊聊天，培养员工的合作意识，与员工建立良好关系。

一天，盛田昭夫发现一位非常年轻的员工表情落寞，闷头吃饭，一副郁郁寡欢的样子。他拿着饭盒主动坐在这名员工对面，与他攀谈起来。一会儿，员工终于开口："我毕业于东京大学，本来有一份待遇非常优厚的工作。进入索尼之前，我是索尼的粉丝。当时，我认为放弃那份工作进入索尼是我一生的最棒选择。但是，现在我才发现，我不是在为索尼工作，仅是为课长干活。说实话，我的上司很无能，最可悲的是，我的所有行动和建议都要得到他的批准。我有了一些小发明和改进，他不仅不支持，还出言挖苦。我简直心灰意冷了。这就是我崇拜的索尼？我居然放弃了那份优厚的工作来到这种地方！"

这番话令盛田昭夫感到非常震惊，他想，这类问题在公司员工中应该不少，管理者应该关心员工的苦恼，了解员工的处境，不能阻碍员工的上进之路，于是他产生了改革人事管理制度的想法。

之后，索尼开始每周出版一次公司内部小报，刊登各部门的"招聘小广告"，员工只要愿意，就可以秘密地前去应聘，上司无权阻止。除此之外，每隔两年就让员工调换一次工作，尤其是对于那些精力比较旺盛、干劲比较足的人才，还主动给他们提供可以施展才华的机会。

第四章
领导力与员工激励管理

索尼实行内部招聘制度后,有能力的人才大多找到了比较中意的岗位,人力资源部门也能发现"流出"人才的上司可能存在的问题。

作为领导,要尽量给下属积极的回馈,公开赞美员工;至于负面批评,不要摆在明面上,私下里再提出。尽量不要打断下属的汇报,不要急于对还不清楚的事情下结论,除非对方要求,否则不要随便提出自己的建议,以免落入"瞎指挥"的阵营。如果下属来找你商量工作,就要引导下属发掘他的问题,而不是替他做决定。因此,要提供信息及情绪上的支持,少一些"你一向都做得非常好,不要搞砸了"之类的话。

5. 霍桑效应——努力激发员工的工作热情

1924—1933年霍桑效应由哈佛大学心理专家杰克·埃尔顿·梅奥教授为首的实验研究小组提出。霍桑是进行这个实验研究的工厂名称。实验最初研究的是工作条件和生产效率之间的关系,工作条件包括外部环境影响条件、心理影响因素。

实验选定六名女员工为观察对象,在七个阶段的试验中,不断改变环境、照明、休息时间、工资、午餐条件等因素,希望发现这些因素和生产率的关系。但是遗憾的是,不论外在因素如何改变,试验组的生产效率一直都没有上升。

为了提高工作效率,厂长请来了各种专家包括心理学家,两年的时间内找工人进行了两万多人次的谈话。他们耐心听取工人对管理者的意见与抱怨,鼓励他们畅所欲言。结果,工作效率提高了很多。

为什么会出现这种情况?在调查与研究中,专家组与工人进行了多次对话,保证不会将谈话内容泄露出去,工人逐渐打开了心扉,说出了自己的想法。专家发现,在所有的谈话内容中,员工对企业的牢骚与抱怨占据了60%以上。之后专家组做出一个大胆猜测,他们认为抱怨的存在可能就是无法提高工作效率的关键,而这却是由上下级之间交流不充分导致的。

这个实验告诉我们，不论企业为员工创造了怎样的氛围和环境，都无法将员工对工作的负面情绪全部消除。因此，员工在工作中偶尔发发牢骚，不应受到指责，管理者应给员工更多的包容；制止员工发牢骚，可能让员工的情绪变得更加压抑，从而影响员工的工作状态。

在企业管理中，人性化管理的模式已经得到管理者的认同。而让员工适当发泄一些负面情绪，正是人性化管理的一项重要内容。比如，美国一些企业，设定有一种叫作"发泄日"的制度，每个月公司都会专门空出一天的时间让员工发泄情绪。在这天，员工可以跟同事与上级开玩笑，领导还要想方设法让员工更好地将自己的情绪表达出来。借助这种方式，员工平时心里积郁的不满情绪就能得到发泄，他们的工作压力就能缓解，提高工作效率。

美国格林贝市儿童保育中心总经理帕特·布普纳，在排解员工压力方面，有一套自己的方法。每隔一个月，他就会请员工到餐馆吃一次饭。就餐时，员工可以随意发牢骚，可以就管理问题提出自己的看法……之后，布普纳会一一做出回应，说出自己的见解，与员工一起寻找问题的解决办法。

可是，虽然刺激因素确实可以将生产效率适度提高，但是任何刺激因素都不是绝对管用；同时，还要辅以其他技术方法，例如工作再设计、工作再扩大、培育学习型组织等。

如今，管理者通过一些方式让员工有效地缓解工作压力，已经成为现代企业管理的基本共识。只有为员工提供合理的发泄渠道，疏导他们的负面情绪，有效激发员工的工作热情，企业才能更有活力。

6. 贝尼斯定理——企业最大的福利是员工培训

贝尼斯定理是著名企业管理学教授沃伦·贝尼斯提出来的，主要内容是：员工培训是企业风险最小、收益最大的战略性投资，也是企业给员工

第四章
领导力与员工激励管理

的最大福利,因此要想将团队成员凝聚在一起,就要将这一定理充分利用起来。

当今名列世界500强的企业都相当重视员工的内部培训,企业不重视培训,就不能增强活力,就无法形成可持续发展的优势,比如,美国惠普几万名员工,每周至少有20个小时用于学习业务方面的知识。

企业为了培养人才所花的费用已经达到企业总销售额的10%,为培训所花费的人力成本也占到企业总人力投入的10%。为什么?因为这些企业的管理者都明白,培训是企业提升综合竞争力的主要手段,是企业持续竞争的发动机。

英特尔为员工培训专门制订了一个新员工计划,上班的第一天,公司就会派人给新员工做常识培训,主要内容有各部门的规章制度、如何找到工作需要用到的东西等。然后,经理会将培训手册分发到新员工手中。英特尔会给每位新员工制订一个详细的培训管理计划,详细地把每周的工作计划量化出来,还会直接写明工作过程中可能遇到的问题、可能需要什么支持。

工作3~9月后,新员工会接受为期一周的培训,主要内容是英特尔文化及在英特尔的成功路径。此外,公司还会安排很多一对一会议,给新员工提供一个表现自己能力的机会,让新员工同同事、老板、客户等面对面交流。

培训是对老员工进行的知识更新及充电,是对新员工进入新环境的引导、思想冶炼和行为规范。从长远角度来讲,成长才是员工至关重要的事情。

古语云:"授人以鱼,不如授人以渔。"即使员工目前的工资不错,也不会长久保持不变,只有掌握拿高薪的本领与能力,才是给员工最大的实惠。而这些本领的获得和能力的提升,都离不开培训。

新员工进入微软公司的第一步就是接受时间为一个月的封闭式培训,把新员工转化为微软的职业人。一次,微软全球技术中心举行庆祝会,员工被集中安排到一家宾馆入住。深夜，某项活动的日程有了微变，前台小姐不得不给各房间打电话通知。第二天，前台小姐疑惑不解地对经理说："我一共给145个房间打了电话，结果以'你好，微软公司'开头的电话居然多达50个。虽然睡得迷迷糊糊，可拿起电话的第一句话依然是：'你好，微软公司。'"

同时，微软还非常重视对员工进行技术培训。新员工进入公司后，不仅会对他们进行语言、礼仪等方面的培训，还会组织技术培训。微软内部实行"终身师傅制"，新员工进门后，公司就会委派一个师傅来带他；此外，新员工还能享受为期三个月的集中培训。

平时，微软也会给员工提供很多充电的机会：1.优秀员工能够参加美国一年一度的技术大会；2.每个月高级专家都会为员工讲课，每个星期都会安排一个内部技术交流会。在这里，除了技术培训，还提供公众演讲、时间管理、沟通技巧等职业培训。

企业员工培训，比物质资本投资更重要。培训是提高管理者能力及员工技能的方法，可以为企业提供全新的工作思路、信息、技能、知识，让员工更敬业、更富有创新精神，是最重要的人力资源开发。

培训不仅能提高员工的工作技能，还可以满足员工求知的欲望，提高员工对娱乐活动和艺术活动的欣赏能力。尽管不能给企业带来直接的效益，但能够增加员工对企业的忠诚度，让企业受益无穷。因此，一定不能忽视对员工的培训。

7. 踢猫效应——别把坏情绪传染给团队

踢猫效应，指的是坏情绪的传染。对弱于自己或等级低于自己的对象发泄自己的坏情绪，会产生一系列连锁反应。人的不满情绪及糟糕的心情，会沿着等级及强弱组成的社会关系链条逐渐向下传递。由金字塔尖一直扩散到社会最底层，最弱小的那个元素无处发泄，就会变成最终的承受者和

第四章
领导力与员工激励管理

受害者。其实，这是一种心理疾病的传染。

一位父亲在公司被领导批评了，回到家无处发泄，看到在沙发上跳来跳去的孩子，便把孩子臭骂了一顿。孩子感到莫名其妙，以前父亲都不会因为这些小事而骂自己。

孩子心里窝火，狠狠地踹了一脚在身边打滚的猫。猫受惊之后逃到街上，一辆卡车正好开过来，司机为了避让，没有注意到路边的小孩，误撞上了孩子。

这就是心理学上非常著名的"踢猫效应"，描绘了一种典型的坏情绪传染造成的恶性循环。

正常情况下，人的情绪会受到环境和偶然因素的影响，当一个人的情绪变得很差的时候，潜意识里会驱使他选择比自己低等级的或无法还击的弱者进行情绪宣泄。受到高等级或强者情绪攻击的人，又会去寻找比自己更弱的人出气……这样就形成了一条非常清晰的愤怒传递链条，"猫"成了最终的承受者，它是最弱小的群体，它受的气也就最多。

心理学家研究发现，坏情绪就像细菌病毒一样，有着极强的传染性，传染速度还非常快。美国洛杉矶大学医学院的心理学家加利·斯梅尔曾做过一个心理学实验：他将一个性格开朗的人同一位心情抑郁的人安排在同一间屋子里，让他们聊天。结果，不到半个小时，原本性格开朗的人脸上也带上了忧愁。加利·斯梅尔通过进一步的实验证明：只要20分钟左右的时间，不良情绪就会在不知不觉中传染给别人。

生活中遇到挫折困难或不顺心的事情，管理者要懂得自我调节、自我消化，没有及时宣泄掉不快的情绪，将对员工有百害而无一利。负能量不仅会对自己的身体起到消极影响，还会习惯性地将不快的情绪发泄到同事或下属身上，这样一来，又会对他们造成伤害，甚至影响同事间的友好关系。

遇到别人生气时，既不要动手动粗，也不要以暴制暴，要用健康的情绪去感染对方，转移他的注意力，或引导他让其心情愉快一点。上下级交流接触的时候，情绪会通过表情、眼神、手势、动作、语言等传递给对方，安抚别人的情绪，就能将自己的快乐传递给别人。

如果下属对你抱有不友好的态度，或许他并不是故意的，只不过在见你之前正好遇到了不顺心的事，正在气头上，对这种情况，要多一些理解，用宽容之心包容他，不要往心里去，要多一些体谅。

美国金融公司经理伍德亨之所以能取得如此辉煌的成就，就在于他年轻时懂得调整自己的情绪。伍德亨从大学校园出来后，初入职场，在一家公司做小职员，领导不重视他，同事也轻视他。伍德亨忍无可忍，决定离开公司。

临行之前，伍德亨用红墨水将公司里每个人的缺点都陈列在一张纸上，把那些品行不端的同事骂得体无完肤。骂完之后，他的怒气慢慢消散，他决定继续留在公司。

从那以后，每当心中充满愤怒的时候，伍德亨总会将愤怒的原因及解决办法用红墨水写在纸上。这些纸条他秘密收藏着，从不拿出来给别人看。渐渐地同事也知道了这种宣泄怒气的方法，都觉得这种方式非常棒；上司知道后，也对伍德亨另眼相看。

坏情绪是影响团队关系的无形杀手，管理者不善于控制自己的情绪，就会将不良情绪传染给下属，继而影响到上下级的正常沟通及交流。被坏情绪困扰时，完全可以通过自我调节，让自己逐渐放松下来。

企业管理者，首先是个人。是人就有七情六欲，是人就有喜怒哀乐，是人就不能脱离社会生活。现代企业的竞争压力越来越大，加上家庭、亲友、环境、交通、社会、天气等各因素的影响，自己的心情随时会被影响。产生不良情绪后，如果不能控制与化解，一味地听之任之，轻则伤己，重则伤害亲友、同事或顾客，这就损人不利己了。

通常，伤害最深的都是与自己关系最亲近的人，怎样控制自己的坏情绪并高效地化解这些矛盾，则是管理者的必修课。

8. 铁轨法则——领导要亲密有间，疏而不远

人与人之间，距离太大，容易产生隔膜、障碍；距离太小，又会失去神秘感及吸引力。车与车太近，出车祸的概率会加大；人与人太近，出矛盾的概率会加大。适当的距离是必要的，保持距离的友谊，才有可能更长久。

上下级之间的关系，如果没有达到亲密无间的程度，便像一条射线，前面的路就是无限漫长的；一旦亲密无间，就会由射线变成线段，有了终点，交情也就能够计算了。英国政治家、作家本杰明·迪斯雷利曾说："没有永恒的敌人，没有永恒的朋友，只有永恒的利益。"有些上下级之间之所以不能和谐相处，就是因为一方将好事做尽，没给另一方留下空间。

两个人就像两条铁轨，相互平行，才能走得更远。心扉完全对别人敞开，容易受伤。将内心的隐秘展示给恶人，则会成为他手上的把柄；展示给善人，会成为对方精神上的负担，因为他需要为你保守秘密。上下级之间的交往，同样如此。

希尔顿是世界著名的旅店大王，创建自己的王国时他立下一条原则：用最低的收费，为客户提供最佳的服务。在提倡最佳服务原则时，希尔顿要求饭店的每一位职员包括管理者都做到以和为贵、顾客至上。违反这一规定，员工就要接受严厉的惩罚。

有一次，一位客人在希尔顿饭店吃饭，因为一些小事没跟工作人员达成共识，发生了争执。希尔顿知道这件事后，叫来经理，严厉地对他说："你难道忘了我制定的原则？你违反了原则，必须离开！"

这位经理的业务能力非常强，为饭店的发展付出了很多，但是希尔顿并没有因为这些就姑息他。正是靠着对"以和为贵，顾客至上"原则的坚持，希尔顿饭店才获得了众多消费者的支持。

其实，在日常工作中，希尔顿并不严厉，他喜欢与员工交流，关心员

工的生活，与员工相处融洽。但是在原则问题上，他的眼里融不进一粒沙子。

人是一种非常复杂的动物，上下级之间距离的保持需要靠一定的原则来维持，这种原则对每个人来说都一样：不仅能约束领导者自己，还能约束员工。合理运用这个原则，也就掌握了团队管理的秘诀。与员工保持合适的距离，既不会使管理者显得高高在上，也不会使彼此间混淆身份。这是一种最佳的状态。

心理学家研究表明，在传统型团队中工作的领导者想要搞好工作，就要和下属保持比较亲密的关系，赢得下属的亲切感和尊重，下属工作时也愿意从领导的角度出发，替领导分忧，尽最大可能把一件事情做好。但是，还要保持适当的距离，特别在心理距离上，保持领导的神秘感及权威感，减少下属相互之间的胡乱猜测，避免不必要的情况发生。

当然，具体问题具体分析，碰到以下几种情形就需要注意了：

1. 当你只有一个下属时。许多中小型企业的人事部、后勤部、行政部、客服部等部门的人员比较少，都是一个经理带着一两个"兵"。这种情况下，经理和下属之间的距离会更近些，有相依为命的感觉。这时的管理比较简单，不必使用过分复杂的管理技巧与手段，只要经理吩咐，下属就一定会照做。但是，绩效常常不是很好。因为员工与经理的距离比较近，经理布置工作后不好意思催促或监督。因此，在这种条件下，管理要保持心理距离，工作中不要太多交流个人隐私问题，管理不恰当，会造成工作的拖延、懈怠、绩效低下等不良现象。

2. 当你有几个下属时。这种情况比较复杂：如果下属和你在一个办公室工作，下属很容易形成几个不同的阵营，中心就是常和管理者接触的人，也就是所谓的"红人"。当然，最不好管理的几个人也会组成一个小阵营。这时，领导最重要的工作就是要平衡自己和各阵营之间的关系，不能局限在与某个员工的关系中。

3. 当你的下属有几十个甚至上百人时。这时，管理者就要扮演好自己

第四章
领导力与员工激励管理

所在职位需要扮演的角色。领导者要维护好自己的形象，与员工保持合适的距离；甚至，为了体现权威性，还要保持略远一些的关系。但是，工作之余可以与员工走得近些，友好地跟下属相处，如此员工才会在工作中尊敬你。与下属的距离太近，反而容易暴露管理者的缺点，影响到管理者的威信。

9. 蓝斯登定律——好的工作氛围能提高工作效率

　　蓝斯登定律是美国管理学家蓝斯登提出来的，主要内容是：在你往上爬的时候，一定要注意保持梯子的整洁，否则你没办法预料到你下来时会不会滑倒。

　　调查表明，工作心情舒畅的员工是企业内部工作效率最高的群体，而不是能力最强或薪金丰厚的员工。主要原因就在于，心情舒扬，员工就会积极工作；心情不好，就不愿工作，自然会严重影响到工作效绩。

　　很多管理者都喜欢在管理岗位上摆出一副严肃的样子，觉得只有这样才能获得下属的尊重，才能显得自己有威信，才方便管理。其实，这种认识是错误的。如今，人们的平等意识已经普遍增强，态度过于严肃，反而无法产生亲和力，因此，这并不是权威的标志。只有放下架子，主动跟下属成为朋友，才能融洽彼此的关系，得到意想不到的收获。

　　陈先生是公司市场部的科长，孙涛是他的下属。陈科长本科学历，已经工作了八年，资历比较老，但是工作能力却很一般。孙涛进入市场部后，陈科长就领教了自己跟孙涛的差距。

　　陈科长不擅长电脑，不喜欢移动互联网时代的新鲜玩意儿。一次，他让孙涛给全国各地的分公司发一份国庆促销通知。孙涛接到工作后，在电脑上群发了一封电子邮件，只花了几分钟时间就将事情完全搞定了。陈科长很不放心："如果分公司没开机或没有收到，怎么办？"

　　孙涛回答说："没事，我给各分公司至少两个邮箱发送了邮件，肯定没问题。"

"不行，"陈科长依旧不放心，"再给他们发一份传真吧。让他们签收后再传回来。这样一旦出了问题，就是分公司的责任，不是我们没通知。"孙涛无奈，但领导的话又不能不听，只好将一份两页纸的传真发到了全国二十多个分公司。

孙涛站在传真机旁，机械地说着同样的话："喂，是××分公司吗？我是总部市场部的，我想发一份传真，请给个传真号。一共两页，签收后再传回来一份……"然后是"嘀——"……

看到陈科长的工作方式如此落后，孙涛实在忍不住，提出了自己的意见。结果，陈科长不认同他，两人发生了激烈的争吵。孙涛生气地说："怪不得公司资源浪费严重，办事效率不高，就是被你这种人害的。"而陈科长则回了一句："不想干，你就滚！"孙涛忍无可忍，毅然辞职。

两年的时间一晃而过，通过自己的努力孙涛成了另一家公司的部门高管，陈科长却被公司辞退。陈先生奔走于各人才市场之间，可是因为自己思维守旧、与社会脱轨好多年，发了很多简历，都石沉大海。

这天，陈先生找到一个与过去工作相关的企业。人事经理带他去见部门领导，面试他的居然是孙涛。

良好的工作环境是知识型员工的核心职业诉求之一。工作环境的硬件条件固然重要，但不是工作的重点。所谓"环境留人"，指的就是工作软环境及人文环境。良好的工作氛围，一般都有着自由、真诚、平等的工作氛围，员工不仅会对自己的工作表示满意，还能与同事、上司融洽相处，互相尊重，充分发挥团队力量，一起努力达成工作目标，互相帮助。

那么，如何营造这种氛围呢？要点主要有下面几点：

首先，保持工作环境的整洁。整齐划一的工作环境不仅有利于工作的开展，也能很好地体现充满秩序及规范的企业文化，提升企业的整体档次及文化品位……整洁的工作环境是企业日常工作有效进行的一个必要条件。整洁的工作环境，一般物品都会摆放整齐、地面会清扫干净、桌面会收拾干净。比如，办公桌椅与橱柜要使用相同的尺寸和颜色，文件、杂志、图书等要放整齐、分类整理。

其次，保持工作环境的安静。安静的工作环境也是非常重要的一环，员工思考问题、编程序、撰写文件、做图纸等，都需要一个安静的工作环境。因此，最好让员工在安静的区域工作，不要受到外界噪声的干扰。同时，要让员工提高自律性，不要在办公区域大声喧哗或争吵，以免影响其他同事的工作。

再次，保持工作环境的明亮。明亮的工作环境对提高员工的工作积极性及主动性有着非常重要的作用。在明亮的环境中工作，心情往往比较愉悦，思维也相对比较敏捷，办事效率自然也会提高。因此，企业的办公室最好采用自然光，就算需要照明，也应该以光线柔和的日光灯为首选。

除此之外，还应保持空气流通，温度和湿度必须适宜，这也是布置工作环境最基础的保证。一般情况下，办公室的温度应保持在23℃~25℃，湿度应该在25%~50%。

最后，工作环境是企业文化精神的重要体现，工作环境的好坏直接反映了企业的文化建设，所以需要高度重视。

10. 费斯诺定理——团队领导者要多听少说

费斯诺定理是英国联合航空公司总裁兼总经理费斯诺提出来的，它告诉我们：应该多听少讲。一个人有两只耳朵、一张嘴巴，说得过多，说的内容就会成为障碍。

一次，一个国王收到了邻近国家进贡的贡品——三个完全相同的小金人。使者问国王："您知道，在这三个金人中，哪个最有价值吗？"国王感到好奇，让近侍量了重量，结果不论是重量还是样式，都一模一样。

这时，一位老臣站出来请求验证。他让近侍从外面找来三根稻草，拿在手里。他先将一根稻草插到第一个金人耳朵里，结果稻草从另一只耳朵伸出来；接着，他取出第二根稻草，插进第二个金人的耳朵里，结果稻草是从嘴巴里掉出来；最后，他将第三根稻草塞入第三个金人耳朵里，结果稻草掉进了金人的肚子里。看到这个情景，老臣胸有成竹地说："陛下，老臣认为第三个金人最有价值！"

使者一直都在关注这位大臣，看着老臣的动作，他一改之前的傲慢态度，变得沉默无语。国王看到答案正确，高兴极了。

这个故事告诉我们，善于倾听，是最有价值的事情，是一个成熟的人应该具备的基本素质。

上天造人的时候给了人两只耳朵、一张嘴，就是为了让我们多听少说。多听别人说话，就会少犯错误。倾听是一门独一无二的艺术，也是一种与众不同的能力，更是一种大智慧。如果想给下属留下好印象，在与下属交谈的时候注意倾听就可以了。

胡雪岩是中国近代有名的红顶商人，高阳在《胡雪岩》三部曲中这样描述了胡雪岩："胡雪岩的手腕很简单，他会说话，更会听话，不管对方如何言语无味，他都会一本正经、两眼注视，仿佛听得极感兴趣似的。同时，他也真的是在听，他会在紧要关头补充一两语、引申一两义，滔滔不绝者就会产生莫逆于心之快，觉得投机而成至交。"

成功者自然有很多值得普通人学习的地方，甚至随便拿出他们的一个优点出来，也值得我们思索和咀嚼，受益终生，胡雪岩的倾听智慧就是这样。

在团队的日常管理和沟通中，语言是最直接、最常用的形式，而有效的语言沟通在很大层面上取决于倾听。倾听是一个主动参与的过程，在倾听下属的过程中，管理者不仅要接受、理解下属的话，还要接受、理解下属的手势、肢体语言、面部表情等；不仅要从中得到有用的信息，还要抓住下属的思想，并及时给予反馈。

企业家的实际经验告诉我们，善于倾听是衡量管理者水平高低的一个重要标志，成功的管理者大都懂得倾听。管理者不善于倾听员工的心声，员工就会觉得你不重视他或不喜欢他,心生冷淡与不快。耐心倾听,就是对员工的尊重。优秀的管理者都会尽可能地倾听员工的建议,了解员工心中最真实的想法。

阿里森是美国一家广告公司的董事长,他认为,如果想在广告界获得成功,就要将指头放在员工的脉搏上,同时最大限度地使用自己的两只耳朵,仔细倾听大家的意见。真正设计广告的不是管理者,而是员工,管理者也只是认真听员工的意见和观点而已,只会在一旁给予肯定或提出意见。如此,不仅能快速完成团队的使命,还能激活员工的积极性。

俗话说"嗓门亮的,未必是正确的",懂得激励员工的领导者往往都是忠实的听众。

每个员工都希望得到管理者的赏识,都想将自己的想法表达出来,但是因为上下级的存在,员工通常都不会在管理者面前直言不讳。所以,要想让员工将自己的意见表达出来,管理者就要善于倾听,满足了员工的这个愿望,自然就能激起他们的上进心。

11. 威尔逊法则——用榜样的力量提醒和激励员工

威尔逊法则是美国行政管理学家切克·威尔逊提出的,他认为,榜样的力量是无穷的。领导是员工解决问题、克服困难的坚实后盾,如果下属知道管理者在现场负责协助解决困难,他们就会对事情的解决多一些信心,完成工作的效率也会大大提升。

每个团队都有一套管理绩效和指导员工的方法,管理者的指导有助于员工的个人成长,员工个人的成长又反作用到管理者的管理绩效上,为团队的成功做出巨大贡献。

手把手的现场指导能够及时纠正员工的错误,减少错误带来的伤害,避免一错再错,增强员工解决问题的勇气和信心,是提高员工素质的一个重要方式。著名企业都非常重视对员工进行现场工作指导。

雷·克罗克是麦当劳快餐店的创始人，是美国社会最有影响的十大企业家之一。

雷·克罗克喜欢将自己的大部分工作时间用在"走动管理"上。到了公司后，他不会整天坐在办公室里，他会时不时地到分公司走走、看看，和员工谈话，听员工的想法和意见，帮助下属解决工作中遇到的问题。

有一段时间麦当劳出现了严重亏损，克罗克深入工作第一线与员工沟通后发现，之所以会出现这种状况，一个重要原因是各职能部门的经理都存在严重的官僚主义，喜欢坐在舒适的椅子上指指点点，把宝贵的时间全都耗费在了抽烟和闲聊上。

克罗克为了改变这一局面，想出一个奇招——将所有经理的椅子靠背全部锯掉。一开始许多人都骂克罗克是个疯子，一段时间后大家才慢慢悟出他的一番苦心。管理者纷纷走出办公室，深入到基层，"走动管理"，及时了解工作中出现的情况，帮员工现场解决难题，使公司扭亏转盈。

俗话说，"一屋不扫何以扫天下"。连自己都管不好的人，如何管好他人？管理的实质是影响力的发挥，需要通过管理者身体力行、以身作则，激发每个员工的积极性，带领他们一起实现组织目标。在这个过程中，管理者的榜样作用是非常巨大的，"言教不如身教""名师出高徒""强将手下无弱兵""近朱者赤"等这些成语也说明了榜样的力量。许多事实也证明，管理者素质高不高、能力强不强，直接决定着企业或部门的工作成效。

一天，杰克在同学弗里曼开的酒店里请同事吃饭。他留意到，酒店服务生都在认真工作，没有一个人偷懒，他感到不可思议。过了一会儿，他看到弗里曼下楼来了。弗里曼四处看了看，然后与几个服务生说了几句话，之后便立刻上楼。

杰克想，弗里曼没什么重要的事，干吗要亲自下来，打个电话交代助理一下，不就可以了。看来，他也没有多么了不起，简直就是一个傻瓜。杰克心里暗喜。

与同事聊完了正事，杰克打算结账走人，可是眼前发生的事情却让他

第四章
领导力与员工激励管理

停下了自己的脚步。弗里曼又一次跑下楼梯，向周围看了看，与服务生说了几句话，之后又上楼了。杰克感到更纳闷了，一个大老板，还这样跑来跑去的，弗里曼究竟是傻了还是另有隐情？

为了解决心中的疑惑，杰克送走了同事后，又回到了之前的座位上。他跟服务员点了一杯咖啡，一边喝咖啡，一边观察。杰克一共在那里坐了三个小时，弗里曼来回跑了不下十次。问题满满的杰克只好在弗里曼再次下楼梯的时候叫住他，想当面问个究竟。

"老同学，你这个老板当得也不怎么样嘛，有什么事找助理下来传达一下不就得了，为何总是自己一趟一趟来回跑？"杰克表达了自己的疑惑。

弗里曼笑了笑说："你都看到了。其实，我下楼来并不是为了向他们传达任务，而是想给他们树立一个榜样，传达一种敬业精神。员工看到老板都如此认真勤劳地工作，他们怎么会偷懒？没有人偷懒，整个团队的效率自然就高了！"

杰克听完弗里曼的解释，终于明白了。的确，如果领导者能够带领员工认真工作，成员就会像领导者一样有能力、有效率，团队成绩怎么会不高？企业怎么会发展不好？

在团队中，管理者以身作则，这种激情与精神就会影响员工，让大家形成一种积极向上的态度，形成一种内在的积极工作氛围。

管理者的榜样作用是一种无声的命令，具有强大的感染力；这种力量还有着极强的示范性，可以为员工提供最好的示范。相反，如果管理者经常迟到，工作偷懒，喜欢打私人电话，总会让喝咖啡等代替工作，眼睛只盯着墙上的挂钟，下属就会成为这样的人。

下属的很多行为，都是跟上级学习的结果。因此，为了激励员工主动工作，管理者就要检查自己的言行，千万不要将恶劣的言行展示给员工。要想管理好团队，先要管理好自己，如果连自己都做不到，还用什么规矩去约束或管理别人？做管理，一定要有管理者的样，成为员工的榜样，率先垂范。

管理者就像一根火柴，只有先让自己燃烧起来，发出光和热，才能让员工燃烧自己。不带领团队往前冲、往前闯，仅在一边呐喊助威是不行的。要想提高管理威信，就要不断地学习、成长、发展，不断地提高自己的水平、增加自己的技巧、拓宽自己的视野、开发自己的潜能，通过自己的努力，成为受下属敬仰的人。

12. 古狄逊定律——将权力妥善地授给下属

古狄逊定理是由英国证券交易所前主管 N. 古狄逊提出来的，其表明了合理授权的重要性，他认为，每天都将自己搞得特别累的管理者很差劲，为了提高管理效率及控制大局，管理者只要保留处理例外、非常规事件的决定权和控制权即可，完全可以将其他权力授权给下属。

有这样一个故事：

一天，一个男孩问迪斯尼的创办人华特："米老鼠是你画的吗？"

"不是我画的。"华特说。

"动画片里的对话是你想的吗？"

"不是我想的。"

男孩感到非常困惑，接着追问："迪斯尼先生，那您到底都做些什么？"

华特听了男孩的话，笑了笑说："我觉得自己就是一只勤劳的小蜜蜂，每天都会从公司的一角飞到另一角，不断地搜集花粉，不断地给每一个人打气，这就是我的工作。"

这个故事可以让我们清晰地看到管理者的角色。管理者不仅是能为员工打气的小蜜蜂，还是团队的灵魂人物。合格的管理者通常都能做到五件事：第一，选择合适的人才；第二，了解团队的目标与方向；第三，能理清成员的权责；第四，有效地指引团队成员去寻找工作方法；第五，能带领团队认真执行计划，激发团队的潜在能力。只要做到这些，员工才会跟着你打拼。

第四章
领导力与员工激励管理

成功的企业管理者都深谙授权之道。管理者要做的事情之一就是帮下属完成任务，将部分权力与责任授予下属。合理地授权，不仅能使领导者摆脱琐碎的日常任务，专心处理公司重大决策，还能为下属提供培养工作能力的机会。领导者要想成为"上君"，就要学会对下属进行合理地授权。

美国著名管理学家哈默为我们提供了这样一个事例。

朋友是个不懂合理授权的管理者，每天在办公室时，除了和客户电话联络，还要处理公司大大小小的琐事，等他处理完公司的琐事，公文就堆成了一座小山，他每天都忙得不可开交。

每次到加州出差，哈默都要约他在早上6:30见面。而朋友总会提前三小时起床，先处理公司传来的传真，然后将传真回送给公司。哈默觉得他做的工作太多，员工却很悠闲、工作简单，不必承担任何责任与风险，如此必然会累倒他，还会让优秀员工觉得没有用武之地而离开。

朋友不同意哈默的看法，说："我觉得员工做得跟我一样。"哈默接着说："第一，如果员工跟你一样聪明，做得与你一样好，他就不会当你的员工，早自己当老板了；第二，不给员工提供尝试的机会，怎么知道他做得不好？"

接着，哈默又说："身为领导者，你必须明白：请别人为你做事，才能从他们中发现能够帮助你的人。要给员工一些机会，让他们为你完成更多的工作。作为管理者，不可能什么事都亲力亲为。作为管理者，应该去处理更重要的事情或员工处理不了的事情，要放手让员工接手工作并承担责任。当他们妥善完成工作时，你就能知道他们做得很好。"

在哈默的劝说下，朋友改变了自己的工作方法，慢慢放权让有能力的员工去处理事情，他不再那么累，公司也取得了不错的业绩。

企业的发展壮大不是一个或几个管理者就能做到，必须依靠所有员工的积极努力，借助大家的能力与智慧，只有这样，才能把企业打造得更好。充分发挥他人的智慧与能力，是企业不断发展的最佳道路。

英特尔公司也非常注重对员工进行授权。

在英特尔公司看来,只有充分授权,才能发挥出较强的杠杆作用。英特尔创始人之一安迪·葛洛夫认为,经理或主管适度放权,并花费一定的时间去统筹规划或协调员工之间的关系,并加以督导,下属就会主动调整工作状态,保证公司的高效运作。

适当放权,不仅能给下属提供一个发展自己的空间,还能使管理者抽出一些时间去督导员工,提高整个团队的工作效率。善于授权,可以创造一种"领导气候",使下属在此"气候"中心甘情愿地从事富有挑战性的工作,继而发现人才、锻炼人才、利用人才,使企业充满生机、蒸蒸日上。

授权是提高员工工作效率、激发员工潜能的一种重要途径,是信任员工的一种表现。如果员工凭自己的能力足以完成某项工作,完全就可以下放一些权力给他。唯有这样,才能充分调动员工的积极性、主动性和创造性,鼓励他们大展身手。

如今企业管理的方式已经不再是管理者一个人说了算,更多地鼓励分权和授权,随着企业规模的不断扩大,旧有的管理方式已经行不通,会危害到企业的成长。只有适当授权,才能促使员工积极主动地参与到企业的运作和管理上来,逐渐提高企业的竞争力。

13. 麦克莱兰定理——让员工做管理者

1973年,麦克莱兰教授发表了题为《测量资质而非智力》的文章,提出了著名的成就需要理论:成就的需要是一个重要需要,人类的许多需要都不是生理性的,而是社会性的,因此为了激励员工,完全可以为员工贴上权力的标签,让他们来体验一下管理者的角色。

1987年Howard Shultz(舒尔茨)收购了Starbucks(司达吧),当时的它只有11家商店,而如今已经拥有数百家商店和上万名员工,在美味咖啡行业中占据首要位置。

舒尔茨一直都坚信,公司的成功取决于优质的客户服务,而这类服务

第四章
领导力与员工激励管理

只有受到培训和激励的员工才能创造出来,只有他们真正参与其中,才能实现。为此,他导入了股权激励计划。

在司达吧,所有员工都是"合伙人"。公司1991年实行了优先购股权,1995年实行了股票购买计划。此外,员工还享受健康保险、职业咨询、有薪假期等福利优惠。股权激励计划的实施,让员工真正成为企业合伙人。

司达吧创造了一种参与型的管理文化,通过培训、交流等方式,每个层次的员工都能了解到各项提议和决策的内容、意义,对其产生浓厚兴趣并主动参与进来;还根据行业和公司的变化,对员工的参与程度进行不断调整。精心设计了多种交流渠道;内部召开的各种会议,都鼓励员工出谋划策。每季度都要定期召开一次公开讨论会,向员工介绍前一季度的业绩、新产品、新店铺等最新动态,然后由经理人员回答现场提问,如同召开股东大会。如此,管理者和员工都能充分交换意见,进一步转化为公司的生产力。

让员工参与管理,使司达吧吸引了大批优秀人才,保持了极低的离职率。

员工参与管理的程度不仅关系着员工个人的职业发展和自我价值的实现,还关系到约束、监督经营者,提高管理和决策的科学性和及时性,有利于促进企业的持续发展。

韩国有家公司出现了比较突出的劳资矛盾,管理者想了很多办法,最后推行"一日厂长制",取得了绝佳的效果。每个星期三,公司都会挑选一名员工做一天厂长,每周轮换一次。

星期三上午九点"厂长"就会上任,主要工作:听取各车间、部门主管的简单汇报,了解工厂的整体运营情况;与正式厂长一起巡视各车间各部门的工作情况;在办公室处理来自各部门、车间主管或员工的公文和报告,"厂长"有权批阅公文。

在这一天,呈报厂长的所有公文都要经过"厂长"签名批阅,厂长如果要更改,必须征得他的意见,不能擅自更改;"厂长"有权对工厂管理提出批评意见，做好工作日记，便于在车间、部门之间进行传阅；各车间、部门的主管必须认真倾听其批评意见，认真整改，写出整改报告，在会议上宣读。

"一日厂长制"的实施，让员工深入参与到企业的管理中，不仅增进了员工对工厂业务流程的了解，还让他们认识到合作对企业的重要性，更能体会到管理者的辛苦，从而成功改善劳资关系，提高了员工执行的自觉性，增强了企业凝聚力，提高了效率和效益。

让员工参与管理，可以培养员工的主人翁意识，不仅可以让员工得到精神上的满足，还能让他们更有动力去工作。在这一过程中，员工对管理过程的投入会影响团队的绩效和员工的工作满意度，主要体现在四个方面：

一是权力。员工具有足够的决策权力，比如工作方法的选择、任务的分派、为客户服务、选拔员工等。

二是信息。员工可以了解到企业的业务数据、竞争状况等关键信息。

三是知识和技能。参与管理，有助于员工了解所需要的管理者决策技能。

四是报酬。员工在参与管理的过程中，不仅可以得到内在报酬，如自我价值与自我实现；还可以得到外在报酬，如工资、晋升等。

让员工参与不同程度的决策或管理工作，员工就有机会和高层处于平等的角度来探讨团队中的问题，员工就能知道自己的利益和团队发展之间的密切关系，从而产生更强烈的责任感和使命感；还能感受到上级管理层的信任，获得被尊重、被重视的情感体验，继而在工作中取得更好的成绩。团队形成了一个良性循环，成绩自然就能蒸蒸日上。

第五章 识人用人与人才管理

1. 松下论断——怎样用人不苦恼

"用人就是用苦恼"是企业管理经典定律之一。日本松下电器公司创始人松下幸之助称：用人就是用苦恼。老板没有苦恼，主管就会有苦恼；主管没有苦恼，员工就会有苦恼。所以，管理的本质就是，限制你的快乐，强化你的痛苦。从松下一些广为流传的逸事中，不难看到松下幸之助在用人上的独到之处。

一次，松下打算招聘十名推销人员，具体的考核方式是笔试和面试相结合。经过一星期的筛选，松下从数百名应聘者中选出十名优胜者。

松下幸之助看了一下入选人名单，发现没有面试时给他留下深刻印象的神田三，便立刻让下属去复查考试统计。复查后发现，神田三郎的综合成绩确实不错，名列第二，只不过当时计算机出了问题，将分数和名称排错顺序。

松下幸之助听了下属的汇报，让他立刻给神田三郎发录取通知书。可是，第二天下属却告诉他：看到自己应聘失败，神田三郎跳楼自杀了。下属默默地说："可惜了！这么有才华的一个人居然没能进入咱们公司。"

松下幸之助听了，摇摇头说："不！幸亏公司没录取他，这种人根本就成不了大事。连面对失败的勇气都没有，如何做销售？"

第五章
识人用人与人才管理

松下的用人方法确实奇特，不仅需要专业扎实的经营人才，更对人才的心理素质提出了勇气，比如：敢于面对时黑白。竞争是无情的，在遵守竞争规则和法律的前提下，优胜劣汰是职场的基本规则。只有认真思考，具有像松下幸之助那样的选才智慧，企业才能赢得人才战略上的优势，打开一个好局面。

怎样合理使用人才呢？为了这位问题，很多企业老板都费尽了心思，顾虑重重。其实，这也正说明了老板对人才的重视。只有认真思考，具有像松下幸之助那样的选才智慧，企业才能赢得人才战略上的优势，打开一个好局面。

每个管理者都要经历一段当下属的日子，除非是空降兵。经过一段时间的积累，好不容易得到提升，有了新职位和指挥他人的权力，却发现得不到下属的支持与拥护；诚心实意为下属办好事，下属却并不领情；费尽心思地指导下属工作，有的人不但不买账，还嫌要求严苛……职位的提升不仅没有带来快乐，反而让人陷入苦恼。

怎样才能消除用人上的苦恼呢？解除这种苦恼最有效的办法就是，从研究人的心理入手，努力做到人性化管理。

俗话说："浇树要浇根，带人要带心。"管理者应摸清下属的内心需求，并将其与企业目标结合、统一起来，促使员工和企业共同发展。

春秋时期的大政治家管仲说过，为政之要在于迎合民心。这一观点不仅适用于治国理政，也适用于现代企业管理。企业是人做出来的，人力资源是企业的第一资源，是企业最宝贵的财富，只有赢得员工的支持，才能顺利推动事业发展。

当然，人的心理是很难捉摸的。实施改革之前，有时管理者会一厢情愿地认为一定会得到同事的支持，结果却遭到强烈反对。因此，管理者必须审时度势，一方面要谨慎评估可能出现的反应，一方面要做好应对事态变化的准备，及时调整思路和方法。不顾下属的反应，僵硬地推行改革，不仅会事倍功半，还会直接导致工作无法顺利推进。

无论从事何种行业，都必须坚持以人为本。尊重人是管理者最需具备的基本素养，有智慧的管理者会不断创造条件，把人性化管理渗透到每个环节，使企业成为员工发展和生活的平台，让大家把工作当成自己分内的事，同心合力，共同发展。这样，就不会有用人的苦恼了。

2. 散财效应——财散人聚，财聚人散

散财效应告诉我们，将财散给其他人，这些人就会聚集在你的身边；将财聚集在自己的手里，没有人会跟随你。

钱财是什么？钱财是一种资源。往大了说，可以帮助人们实现自己的梦想；往小了讲，可以让人们买到车子和房子，过上自己想要的生活。

人们为什么要聚集在你的周围？往大了说，是希望你能带领他们实现自己的梦想；往小了说，是他们希望获得幸福生活所需要的资源，而这种资源，以钱财为最典型代表。

蒙牛集团老总牛根生的座右铭是：小胜凭智，大赢靠德。不管是在伊利期间，还是在他创办蒙牛期间，都流传有牛根生散财的故事。

牛根生在伊利时，冰淇淋销售额过亿，公司拿出18万元要给牛根生买一辆桑塔纳汽车。结果，牛根生用这笔钱给员工买了一辆旧东风大客车、一辆华西中客车、一辆天津面包车和一辆大发小货车，受到了下属的一致拥护。

牛根生出走伊利创立"蒙牛"，虽然蒙牛的注册资金只有100万元，但投奔他的人络绎不绝，陆陆续续，竟有三四百人之多。一边是中国乳业第一品牌，一边是刚起步的小公司，这些人为什么弃"明"投"暗"？原因就在于牛根生的"德"和好名声。牛根生善于经营人心，用做人的方法做企业，用诚信、感恩、真心去对待每位员工、每位奶农、每位投资者、每位消费者、每位社会公民。结果，大家众志成城，所向披靡。

孟子说："得道者多助，失道者寡助。"得道者的表征就是有"德"，得

道的过程则是经营人心的过程。因此得道者拥有无形资源，即使是在最失意时，也能让人心齐聚，帮助得道者化险为夷。

大智之人，通常都懂得得失的因果、取舍的辩证、人心的背向；一味地追求得与取，只会让自己迷失方向，等到众叛亲离之时，再幡然醒悟，为时已晚。

世界上的事情就是如此奇怪，当我们想拼命抓住一件东西时，必须先放弃它；拼命想抓住的东西，往往消失得更快。这也是辩证法和对立统一规律。钱财也一样，拼命想抓住钱的管理者，从来都不会获得真正的财富。对于这种人，农村有种形容老母鸡找食的说法非常适合他们。

在早些年的农村，每家几乎都会在院子里放养一些牲畜，鸡是比较常见的一种。老母鸡非常勤奋，为了找到一点食物，冬天就会在院子里不停地刨。老乡将老母鸡的这种行为叫作"抓抓挎挎"，也就是为了一点小利益拼命寻找的意思。

聚财的管理者，就像老母鸡一般，不会放过任何一点利益，结果只会错失更大的利益。太专注于一点利益，太专注于眼前的蝇头小利，也就没有时间去考虑更大的获利方向，没时间储备资源，没时间提高能力和素质，永远只能在小利的陷阱中挣扎，最终迷失自己。

人心，是企业持久的动力之源。有了这份力量，还有什么困难不能克服？

3. 特雷默定律——善于识人，学会用人

英国管理学家 E. 特雷默提出了著名的特雷默定律，他认为，人们的才华虽然有高有低，但一定是各有长短，因此在选拔人才时要将目光集中在对方的优点上；将每个人特有的才能充分利用起来，并委以相应责任，让他们做好自己的本职工作，这样才会实现多方矛盾的平衡。职位与才华不适合，员工应有的能力发挥不出来，上下级之间互不信服，必然会造成

冲突。

在一次宴会上,唐太宗对王珪说:"你善于鉴别人才,尤其善于评论,可以从房玄龄等人开始,一一做些评论,评一下他们的优缺点,跟他们互相比较,看看自己在哪些方面比他们优秀?"

王珪回答说:"说到为国操劳,我比不上房玄龄;说到向皇上直言建议,我比不上魏徵;说到带兵打仗,我比不上李靖;说到宣布皇上的命令或转达下属官员的汇报,我不如温彦博……虽然我比不上这些人,但也有自己的特长。"

从王珪的评论可以看出,在唐太宗的团队中,每个人都各有所长,而唐太宗能将这些人以其专长放到最适当的职位,使其发挥自己所长,让整个国家繁荣强盛。

据说,李鸿章曾带三个人去拜见曾国藩,请曾国藩为他们分派职务。曾国藩出去散步了,李鸿章让三个人在厅外等候。曾国藩散步回来,李鸿章说明来意,请曾国藩考察那三个人。

曾国藩说:"不必,面向大厅,左边的那一位性子忠厚,办事认真,让人放心,可以给他安排一些后勤供应类工作;中间的那位喜欢阳奉阴违、两面三刀,不值得信任,只能给他安排一些无足轻重的工作;右边的那位是个将才,可以独当一面,将来肯定可以大有作为,能够予以重用。"

李鸿章感到很吃惊,问:"还没有考察他们,您是如何判断的?"曾国藩笑着回答:"刚才散步回来,我就看到了这三个人。我从他们身边经过时,左边的那个人低着头不敢看我,可见是位老实、谨慎的人;中间的那一位,表面上恭敬有礼,可是等我走过后却左顾右盼,是个表里不一的人;右边的那一位,身材挺拔,正视前方,不卑不亢,是个不可多得的大将之才。"这里的"大将之才"其实就是淮军勇将、鼎鼎有名的刘铭传。

现代社会的竞争,实质就是人才的竞争。如何科学、合理、有效地使用人才,是摆在企业各级领导面前的首要难题。企业没有无用的人,只有不会用人的领导者。善于用人的领导,不仅会将人才放在合适的位置上,还知道如何发挥他们的最大特长,知道如何充分利用他们的特点,甚至"变废为宝"。

凡事都有一个安置的地方,会用人既是最大的本事,也是一门艺术。管理者要具备伯乐的智慧,既要通晓人性的各种弱点,又要懂得运用为人处世的种种技巧。身为企业的带头人,花点时间和精力去研究用人的奥妙是值得的。用错了人,不但不会给企业带来任何效益,反而会越帮越忙。

管理者要当好伯乐,善于识人,并通过不同的角度和方式,了解每个员工的特征,按照员工的人格特质,将他们放在适合的位置上,让他们做适合自己的工作,人尽其才,充分发挥每个人的潜能。

4. 拜伦法则——疑人不用,用人不疑

在管理学上有个著名的拜伦法则,此法则由美国内陆银行总裁 D. 拜伦提出,他认为,一旦授权给某个人,一旦要使用某个下属,就不能干涉对方做事。其实,这一说法就是管理学定律——疑人不用,用人不疑。

克里斯公司的管理层之所以能够被员工信任,就是因为给了员工充分的信任。比如,员工餐厅的经营采用的是荣誉制,贩卖机不仅不上锁,还没有设置收银机。员工如果要付账,只要将钱放入一个敞开的钱箱里即可。克里斯认为:对员工,要么信任,要么不信任。如果相信他们,就不要使用收银机、打卡机,更不要安排管理员。如果不信任,就不要将他们吸纳进公司。

新买到一家商店后,如果商店中摆放着打卡机,为了表示对员工的尊重,管理人员就会直接拿掉打卡机。因为他们认为:员工都是成年人,知道何时上班,知道自己来公司该干什么,并不需要强制他们。

这些做法就是让下属知道,公司是信任他们的。结果,减少了对下属的干涉,下属反而更能保质保量地完成任务。

将工作交给下属而不干涉,不仅是一种自信的表现,更是提高管理效

率的重要途径。在自由的环境下工作，下属就能感受到管理者对自己的重视和信任，如此便会产生强烈的责任心和参与感，团体成员就能拧成一股绳，让团队更富活力。

唐纳德·希尔顿是世界著名的酒店大王，刚开始创业时，他只有5000美元的启动资金，可是靠着自己的不懈努力，历尽磨难，居然将旅馆开到了美国及世界各地，他也成了著名的"旅店大王"。他之所以能够取得如此大的成绩，一个原因就是他的用人之道和管理风格。

在希尔顿21岁时，父亲让他到一家旅店担任经理，同时还将部分股权转让给他。可是，在他管理旅店时，父亲总在他身边指指点点，希尔顿感到非常不舒服。亲身体验过管理者的制约之苦，以后在他使用人才的时候，他都将权力合理地授予对方。

在希尔顿旅馆王国中，许多高级职员都来自基层，有着丰富的行业经验，懂经营善管理，希尔顿给了他们足够的信任，鼓励他们放手大胆地去干。如果工作中出现了失误或错误，他就会将当事人叫到办公室，先鼓励和安慰对方一番，之后跟他们一起分析，找到问题的解决方法。

希尔顿的这种用人原则，赢得了下属的信赖和忠诚。员工兢兢业业、认真负责，在办公室中营造出一种和谐的气氛；大家在轻松愉快的环境中工作，工作效率自然大增，也更加团结，最终造就了希尔顿事业的辉煌。

要想带着下属一起实现经营目标，就要最大限度地调动下属的积极性，少一些干涉。既然已经安排下属去做某件事或授权给了他，就要相信员工一定能在规定的时间里将工作做好。

在生活中，很多人都见过这类副驾驶：你握着方向盘开车，他却比你更紧张，不停地发着命令"刹车""左转""减速"……你无法忍受，想让他来开，可是他却会说，他相信你。是不是很矛盾？既然让人家开车，既然把安全交给了司机，就应该将自己的嘴巴闭上，安安静静地坐在自己的位置上。同样，在管理过程中，如果管理者恣意妄为，不信任下属，事必躬亲，频繁检查，不仅不利于工作的完成，还会自食恶果。

放手让下属去干，员工工作起来会更自由，更容易激发出工作热情，工作效率也会更高。如果想让下属信服，将工作交给他们之后，就不要任意干涉。一定要记住：领导者权力运营的最佳方法是抑制而不是放纵，而且，职位越高，越要这样做。

5. 乔布斯法则——一个出色人才顶 50 个平庸的人

"一个出色人才能顶 50 个平庸员工。"是美国苹果公司的老板史蒂夫·乔布斯的一句名言，之后发展为"乔布斯法则"，风靡西方管理界。

在一次讲话中，乔布斯说："过去我认为一位出色的人才能顶两名平庸的员工，现在我认为能顶 50 名。"为了找到富有创意的人才，乔布斯把 1/4 的时间都用于招募人才。新成立公司，老板都会认真挑选职员，会亲临招聘现场，让求职者以最快速度了解与适应公司的文化氛围和环境。《三顾茅庐》讲述的就是这样一个故事：

官渡大战后，曹操打败了刘备，刘备只能去投靠刘表。为了得到刘备的谋士徐庶，曹操撒谎说徐庶的母亲生病，让徐庶立刻去许都。徐庶临走时告诉刘备，卧龙岗的诸葛亮是个奇才，得到他的帮助，就可以得到天下。

第二天，刘备就和关羽、张飞带着礼物，去隆中卧龙岗拜访诸葛亮。诸葛亮正好在外出游，书童不知道他何时回来。刘备只好回去。

几天后，刘备、关羽、张飞三人冒着大雪又来到诸葛亮家。刘备看到一个青年正在读书，急忙过去行礼。可那个青年说，他是诸葛亮的弟弟，哥哥被朋友请走了。刘备很失望，留下一封信，述说了对诸葛亮的仰慕之情。

新年很快就到了，刘备选了个好日子，又一次来到卧龙岗。当时，诸葛亮正在睡觉，关羽、张飞只能在门外等候，刘备则在台阶下静静地站着。过了很长时间，诸葛亮才醒来。刘备讲述了自己的诚意，向他请教平定天下的办法。

诸葛亮给刘备分析了天下的形势，刘备听了，非常佩服，请求他相助，诸葛亮答应了。那年，诸葛亮27岁。诸葛亮登上政治舞台，为刘备献计献策，描述出一个战略远景。

多少年来，刘备"三顾茅庐"一直都被人们口口相传，其求贤若渴的精神令人敬仰，其对人才的真情值得我们学习，其对人才的态度更值得我们学习。如今人才竞争越来越激烈，高层次创新型人才更是严重匮乏，企业该怎样去爱才、敬才？是每个管理者都应重视的问题。

某咨询公司到上海两家高校进行招聘宣传，要求应聘者到公司网站上下载应聘表格，填写之后与简历一起交到公司。之后，公司对收到的一千余份简历进行了初选，确定100名学生参加第一轮面试。

在第一轮面试中，100名学生被分为20个小组，每个小组都就一个开放式的话题做一次"无领导小组讨论"。在25分钟的时间内完成讨论并选定汇报的形式和分工，然后进行五分钟的口头汇报。在这个过程中，面试团会认真观察各小组的讨论和汇报过程，并将有价值的细节记录下来。小组汇报结束后，面试团会讨论决定能进入下一轮面试的人。最后，选出20名应聘者参加第二轮面试。

第二轮面试采用一对一的形式，设计了几个小的逻辑推理问题和一个综合案例分析。逻辑推理问题考察的是应聘者的逻辑思维能力和一般常识，典型的问题有：中国的口香糖市场有多大？一架波音737客机可以容纳多少个乒乓球？上海有多少个路灯？在这个过程中，应聘者可以对数字做合理的假设。综合案例分析用英文书写，介绍了一家企业存在的问题，应聘者需要在半小时甚至更少的时间内发现有用的信息，并提供建议。第二轮面试结束后，十名应聘者进入第三轮和第四轮面试。

第三轮和第四轮面试采用一对一的形式，由不同的顾问主持。气氛轻松了不少，有个过于严肃的应聘者还被要求讲个笑话。两轮的面试内容比较相近，主要是了解应聘者的应聘动机、职业倾向、性格……第四轮面试结束后，只有五名幸运儿得到了工作机会。

人才的重要性到底有多大？这是一个毋庸置疑的肯定回答。人才是经济发展的主导力量，他们在很大程度上影响或决定着经济的发展方向、速度、潜力、市场竞争力和经济效益。

人才是企业发展的动力，只要拥有了人才，也就拥有了成功的资本。管理者应该用求贤若渴的心态去多方寻觅，以如饥似渴的精神求才引才。

管理者要站在时代和战略的高度，充分认识人才的重要作用，不拘一格广纳英才，不唯学历、不唯职称、不唯资历、不唯身份，以踏实的工作作风完成好选才工作。同时，还要解放思想，更新用人的观念，摒弃各种陈旧观念和偏见，树立事业至上的理念，建立有利于人才脱颖而出的选人用人机制，让人才获得自由发展。

6. 彼得原理——将合适的员工放在正确的位置

美国学者劳伦斯·彼得曾对组织中人员晋升的相关现象做了研究后，得出一个结论：团队都喜欢对在某个等级上的人员进行晋升提拔，雇员总会被晋升到不称职的地位。这就是著名的彼得原理，有时也被称为"向上爬"理论。

这种现象在现实生活中无处不在：称职的教授被提升为大学校长后无法胜任；优秀的运动员被提升为主管体育的官员，导致无所作为……对一个组织而言，一旦部分人员被推到不称职的级别，就会造成人浮于事，发展停滞。将员工晋升到其无法发挥才能的岗位，不仅不是对本人的奖励，还会给组织带来损失。

人无废人，器无废器，让一个手无缚鸡之力的人拿着刀坐在门口当门卫，贼来了，他却跑了，但不能说他不是人才，没准儿让他去写文章他就能成个作家。把合适的人放在合适的位置，人人都是人才。

很多人都去过寺庙，一进庙门通常首先看到的都是笑容可掬的弥勒佛，而在他的北面则是满脸阴沉的韦陀。可是，相传在很久以前，他们并不在同一个庙里，而是在不同的庙。

弥勒佛热情快乐，来的人很多，但他什么都不在乎，丢三落四，账务管理混乱，入不敷出。而韦陀虽然善于管账，但整天阴着脸，太过严肃，人越来越少，最后香火断绝。

佛祖发现了这个问题，就将他俩放在同一个庙里，弥勒佛负责公关，笑迎八方客，香火大旺；韦陀铁面无私，他负责财务，严格把关。通过两人的分工合作，庙里一派欣欣向荣。

将弥勒佛和韦陀放在不同的地方，虽然都将自己的特长充分发挥了出来，但由于自身的缺陷，使缺点掩盖了优点，所以结果并不理想，无法达到预期的目标。将二者组合在一起，各自的优点就弥补了对方的不足，潜能就能被充分挖掘出来，效果自然会立竿见影。

用才不当、才不适用，对企业发展极其不利。因此，管理者必须使用人才的特长，把人才放在最合适的位置上，让人才效益最大化；而对于个人来说，则要客观地认识和评估自己，明白自己的长处和短处，知道自己最适合干什么，在服从团队安排的前提下，找准最利于自己才能发挥的那个位置。

松下于1918年开始做生意，当时公司的规模很小。到松下店工作的人，大都小学文化水平，那时想要招中学毕业的人才都需要花费很大的精力。直到1927年，松下才开始从专业学校招聘人才；公司创办了九年，才雇用了两名从专业学校毕业的学生。松下意识到，企业雇用的人才只有适合工作需求，才能将工作做好，才能实现最大的收益。

松下认为，太优秀的人虽然勤快，但大都会心生抱怨；能力普通的人，就会对企业和团队心存感谢。他们对自己的职务和工作很满意，自然就会认真工作，所以松下认为，有时雇用太优秀的人反而不好。

在日本有句话，"适合身份"，意思就是说，要以公司经营为前提，雇用身份合适的人。做好人力资源配置是人力资源管理的基础，简单地说，就是将合适的人放在合适的岗位上,真正做到量才适用。

公司就像是一个小分队,由纷繁复杂的人员组成,他们都有自己的一技之长。身为管理者,就要对下属的特点、能力、性格多一些认识和了解,做到量才适用,将他们的内在潜力充分挖掘出来。唯有如此,公司才能获得长远发展。

要想合理使用员工,就必须考虑员工能力与岗位是否相配。有多大的力,挑多重的担,管理者要凭借更为系统、科学的理论和工具,如管理学、人才学、人才测评系统等来分析员工,为他们提供与之匹配的工作岗位;要将好钢用到刀刃上,为员工搭建施展才华的舞台。

7. 懒蚂蚁效应——"蚂蚁"一思考,老板就发笑

懒蚂蚁效应由日本北海道大学进化生物研究小组提出,他们对三个分别由30只蚂蚁组成的黑蚁群的活动进行观察,结果发现,大部分蚂蚁都能勤快地寻找食物、搬运食物,只有少数蚂蚁整天无所事事、东张西望,于是他们就将少数蚂蚁叫作"懒蚂蚁"。

之后,生物学家在"懒蚂蚁"身上做上了标记,断绝了蚁群的食物来源,平时工作勤快的蚂蚁居然不知道该怎么办了,而"懒蚂蚁"却挺身而出,带领众蚂蚁向它们早已侦察到的新食物源转移。原来,"懒蚂蚁"把大部分时间都花在了侦察和研究上,它们不仅能观察到组织的薄弱之处,还不断地探索新食物,保证群体能不断地得到新的食物来源。

在蚁群业中,"懒蚂蚁"的重要性由此可见一斑,此现象就被称为"懒蚂蚁效应"。团队中,如果有些员工就是"懒蚂蚁",就要让他们定下心来,好好"偷懒"。

耐劳和懒惰是相辅相成的,勤有勤的原则,懒有懒的道理,懒惰也是一种生存的智慧。想想看,为何勤劳的蜘蛛织好的蛛网总会破损?也许,就是因为选错了地方,既然在风口织网容易破,为什么不换个地方?只能

说明它视野狭窄，没有找到问题的关键。

奇瑞汽车以自主研发为核心，近几年在业界崭露头角。其实，奇瑞最初的研发班底就是其他公司淘汰下来的"懒蚂蚁"——十多个因原公司打算撤销技术中心而集体跳槽的工程师。

当时，为了获得短期利益，一些汽车公司热衷于为跨国汽车品牌做加工装配，技术人员就像是不干活的"懒蚂蚁"，不受重视甚至被淘汰。而市场却再一次证明，企业要想长远发展，就要重视"懒蚂蚁"、培养"懒蚂蚁"，奇瑞公司有两百多个研发人员。

表面上看起来，这些"闲人"似乎就是企业的"懒蚂蚁"，但关键时候，他们却可以发挥出比兢兢业业的人士更大的作用。

有句话叫"会者不忙，忙者不会"。像忙碌的蜘蛛一样在企业里忙得头昏脑涨的管理者，一定不懂管理。管理者不懂管理，就永远不会发现问题的关键，可能一次次延续错误的方法，企业就难以成功。

8. 套娃定律——领导者要善用比自己强的人

关于套娃定律，有个故事：

很久以前有个小伙子，很小就失去了父母，跟妹妹相依为命。可是，妹妹在一次牧羊途中被风雪所困，最终丢失在茫茫的雪海里。哥哥非常思念妹妹，就刻了一个木头娃娃带在身边。每年哥哥都会刻上一个大一些的，在他心目中，妹妹又长大了一岁。很多年过去，哥哥刻了许多木头娃娃。

故事流传了很久，渐渐地套娃就成了俄罗斯的传统工艺品，也成为男女青年表达爱慕之情的礼物。俄罗斯套娃的特点是：大娃套小娃，小娃里还有更小的娃。一般是三层，也有五层的。一模一样，只是一个比一个小。自大而小，一个套一个地组成的玩偶……这就是著名的俄罗斯套娃现象。

俄罗斯套娃告诉我们，管理者一般都喜欢招选与自己类似但比自己

第五章
识人用人与人才管理

"小"的人作为自己的下属。如果最外层的套娃有权利选择人才，他只会容纳那些能力不如自己且习性与自己相近的人。下级的能力一个不如一个，团队也就无法再发展壮大。

在企业管理中，首次发现这一现象的是美国马瑟公司总裁奥格尔维。在一次董事会上，工作员工在每位与会者的桌上都放了一个玩具娃娃。奥格尔告诉他们："打开看看，那就是你们自己！"

董事们感到很吃惊，疑惑地打开玩具包装，结果出现在眼前的是一个更小的同类型玩具。接下来还是如此。当他们打开最后一层时，发现玩具娃娃身上贴着一张纸条，是奥格威留给他们的：只任用比自己能力差的人，公司就会沦为侏儒；敢于起用比自己水平高的人，公司才能成长为巨人！

善用比自己更优秀的人，是人力资源管理的重要原则。只有将卓越的人才招揽到自己麾下，才能为团队创造出更大的价值。不敢任用比自己强的人，妒忌比自己强的人，你也不佩做管理者。

约翰·亚当斯是美国历史上的第二位总统，为美国的独立做出巨大贡献。

亚当斯接替华盛顿就任总统时，美国与法国关系眼看就要破裂。到了1797年年底，两国关系紧张到战事一触即发。

常识告诉亚当斯，要想打胜仗，必须有得力的统帅指挥，很多人劝他亲自统率军队，但他认为自己并不具备军事才能。思来想去，他认为华盛顿才是唯一能唤起美国军魂、团结全美人民的统帅。最后，也去请华盛顿出山。

亚当斯的亲信了解到这一情况后，纷纷表示反对。他们认为，华盛顿复出，会再次唤起人民对他的崇敬和留恋，必然会对亚当斯的威望和地位造成威胁。

可是，亚当斯知道，千军容易得，一帅最难求。于是，他果断给华盛顿写了封信。信中诚恳地写道："我要组织一支军队，不得不向你求教。如果你允许,我们就要借用你的大名去动员民众,因为你的名字胜过一支军队。"

华盛顿接到信后,非常感动,表示愿意立刻承担起重任。幸运的是,在华盛顿准备率军出征的前夕,亚当斯通过外交的途径同法国达成了和解。这件事被美国人民传为佳话,亚当斯的正直与豁达也更加让人们信服。

记者采访他,问:"您为什么敢起用比自己更优秀的人?"亚当斯没有直接回答,先给这位记者讲了自己少年时的一件往事:

年幼时,父亲要我学拉丁文。我感到很无聊,恨得牙痒痒。我对父亲说,我不喜欢拉丁文,能不能换个事情做?"好啊!约翰。"父亲说,"去挖水沟吧,牧场需要一条灌溉渠道。"

于是,我就到牧场去挖水沟了。可是,拿惯笔的我,怎么能拿得惯锹?干了一天活,身体疲惫不堪,那天晚上我就后悔了。但我依然保持着傲气,不愿认错。于是,我咬紧牙关又挖了一天。傍晚时,我只好认输,第二天就回到了拉丁文的课堂上。

在以后的岁月里,我一直记着从挖水沟这件事中得到的教训:必须承认人有所长,也有所短;人有所能,也有所不能。认为自己样样都行,恰恰是自己的不自量力。

亚当斯深有体会地对记者说:"真正出色的领导者,绝不会事必躬亲,而是知人善任,特别敢于起用比自己更优秀的人。"

任用比自己差的人,会让自己感到安全,方便自己管理,这也是人类的共性和劣根性。因为人们都担心下属的能力比自己强,害怕下属功高震主,从而威胁到自己的位置。因此,在选择应聘者时,很多管理者都会以自己为标准进行衡量,结果人越招越差。而套娃定理告诉我们,一定要善用比自己能力强的人。

随着社会的发展,团队管理的理论与技能也在飞速发展。团队管理并不可怕,像其他管理技能一样,也需要学习与修炼,管理者要知人善任,多吸纳优秀人才,主动吸纳比自己优秀的人才,促进团队的能力提高,让企业获得更大的发展。

9. 斜坡球体定律——员工素质决定着企业成败

斜坡球体定律告诉我们，企业在市场上所处的位置，就像是斜坡上的一个球体，在市场竞争和员工情况的压力下，缺少止动力，就会下滑；为了让企业在斜坡（市场）上的位置不下滑，就要强化内部管理这一止动力。比如，半个小时就能将玻璃擦干净，但是天天这样做，却很难办到。要想提高员工的综合素质，管理者就要花费时间努力去做。

有人说，某某企业的员工素质太差，其实不是员工素质太差，而是管理者的素质太差，或者管理者不肯去下功夫。"斜坡球体定律"被海尔奉若神明，大家称其为"海尔发展定律"，也道出了企业发展的一般规律。

小刘和小郭同时受雇于一家企业，拿同样的薪水。

一段时间后，小刘青云直上，小郭却原地踏步。小郭搞不明白，老板为何差别对待？

老板说："小郭，你到集市上去，看看有没有卖土豆的？"

片刻之后，小郭回来汇报："只有一个人在卖土豆，拉了一车。"

"有多少？"老板又问。

小郭没有问过，立刻跑到集上，回来告诉老板："一共40袋。"

"价格呢？"

"您没让我打听价格。"小郭感到很委屈。

老板又把小刘叫来："小刘，你到集市上，看看有没有卖土豆的？"

小刘很快就从集市上回来了，他向老板汇报说："集市上只有一个卖土豆的，拉了一车，共40袋，两毛五一斤。我看了一下，土豆质量不错，价格也便宜，顺便带回来一个，您看看。"小刘边说边从提包里拿出土豆，"我觉得这些土豆一定可以赚钱，根据以往的销量，40袋土豆我们用一个星期就可以全部卖掉。所以，我把那个卖土豆的也带来了，他现在正在外面等着呢……"

这个故事，有些老生常谈的意味。可是，就是这样一个众人皆知的故事，却给了我们重要的启发：企业的竞争，很大程度上取决于员工素质的高低。成功的企业背后，必定有一大批素质优秀、能力卓越、业绩突出的员工；同样，一个人想在职业生涯中得到更好的发展，也要具有优秀的素质。

优秀是一种境界，是一种永不停息的追求；综合素质高的人，永远都能让个人受益，让企业受益。

所谓素质是指一个人在政治、思想、作风、道德品质和知识、技能等方面经过长期锻炼、学习所达到的水平。企业发展取决于企业素质的强弱，而企业最重要的资源是人，所以员工素质决定着企业的素质。

人是能动的，是企业生产的第一要素。企业要想实现持续快速发展，就要拥有一支高素质员工队伍。在科学技术高速发展的今天，企业是集各种生产要素于一体的完整系统。生产要素的结合，是人脑意识活动和人体运动活动的结果，所以实现物质生产的也是人。

没有人，也就没有团队，没有团队就没有企业。企业之间的竞争越来越表现为人才的竞争，而人才的竞争其实就是人才素质的竞争。员工素质的高低会影响整个公司的管理，因此一定要重视。

10. 蘑菇管理原则——让员工受冷落不是一件坏事

据说，蘑菇管理定律来源于20世纪70年代一批年轻的电脑程序员的创意。当时，人们都不理解他们的工作，怀疑他们，轻视他们，于是年轻的电脑程序员总会自嘲"像蘑菇一样的生活"。电脑程序员之所以会如此嘲讽自己，与蘑菇的生存空间有一定的关系。

蘑菇的生长不仅需要养料和水分，还要避免阳光的直接照射，需在阴暗角落里培育，过分的曝光会导致过早夭折。从两者的关系来看，地点、

第五章
识人用人与人才管理

养料等条件给蘑菇提供了生存空间。

企业对新进的人员一般都会一视同仁，从起薪到工作都不会有大的差别。无论多么优秀的人才，在刚开始时，都只能从最简单的事情做起，"蘑菇"的经历，对于成长中的年轻人来说，就像蚕茧，是羽化前必须经历的一步。所以，引导员工高效率走过生命的这一段，尽可能地汲取经验，让他们成熟起来，并树立良好的值得信赖的个人形象，是每个员工必须面对的课题。

古人云："吃得苦中苦，方为人上人。"让员工受冷落并不是什么坏事，特别是对于刚进入职场的人更是利大于弊。遭受几天冷落，就能消除很多不切实际的幻想，也能让员工对各种各样的人与物有深刻的了解，为今后的发展打下基础。

卡莉·费奥丽娜从斯坦福大学法学院毕业后，应聘到一家地产经纪公司做接线员，这是她的第一份工作，每天的工作就是接电话、打字、复印、整理文件。虽然父母和朋友都支持她的选择，但对于一个斯坦福毕业生来说，似乎有些大材小用。可是，她毫无怨言，虽然工作简单，但她积极学习。

一次偶然的机会，一个经纪人问她还愿意干点什么，她说，想撰稿。于是，她就得到了一次撰写文稿的机会，结果她的人生也就此改变。经过不断努力，卡莉·费奥丽娜最终成了惠普公司的CEO。

冷落的经历，对成长中的年轻人来说犹如破茧成蝶，承受不起这些磨难，永远无法成为展翅的蝴蝶；平和地走过生命的这一阶段，汲取经验，就能尽快成熟起来。

心态的调整对于初入职场者，尤其是从象牙塔里走出来的大学生很重要。新人进入职场后，通常都会遭受一些冷遇，放不下自己的身份，不想做小事，比如端茶倒水、跑腿送报；态度消极，眼高手低，怎么能实现自我成长？连小事都不愿意做，怎么能做出大成绩？想一口吃成大胖子不切实际，要让下属在冷遇中不断锻炼自己。

蘑菇管理是一种特殊状态下的临时管理方式,管理者要把握时机和程度,还要让被管理者诚心领会,早经历早受益。管理者要关注蘑菇的生存环境,适当给予关注,不要过分施压,让其有良好的成长空间。

第六章 企业制度与绩效管理

1. 热炉法则——制度越严格，竞争力越强

热炉效应指的是，组织中任何人触犯规章制度，都要受到处罚。触摸热炉与实行惩罚之间有许多相似之处，因此而得名。热炉效应或热炉法则带有警示性、一致性、即时性和公平性。

热炉法则源自西方管理学家提出的惩罚原则，它告诉我们，在工作中违反规章制度，犹如碰触到一个烧红的火炉，一定要让他受到"烫"的处罚。与奖赏之类的正面强化手段相反，惩罚之类则属于反面强化手段。

《孙子兵法》有言："主孰有道，将孰有能，天地孰得，法令孰行，兵众孰强，士卒孰练，赏罚孰明，吾以此知胜负矣。"翻译成白话文就是：哪方的君主明智？哪方的将帅有能力？哪方占有时间和地理优势？哪方的士卒能做到令行禁止？哪方的武器装备精良、士卒众多？哪方的士卒训练有素？哪方的赏罚公正？……依靠这些，就能预知谁胜谁负。

孙武非常重视奖罚的重要性，不仅是如此写的，更是这样做的。

春秋战国时期，吴王读完《孙子兵法》后，想见孙武，看看他是否真的有真才实学。

吴王就找来孙武，问："这些兵法，是否真如你写得那么管用？我给你一些宫女，你按照此法把她们训练成精良的战士。训练好了，我就信！"

第六章
企业制度与绩效管理

孙武答应后，立即着手训练。他把宫女们编成两队，首选吴王宠爱的两个妃子当队长，让她俩持着战戟，站在队列前面。之后，给宫女们讲述了操练的基本要领和纪律。最后，喊口令让宫女演练。可是，他刚刚一喊口令，宫女们纷纷笑起来，队伍乱作一团。

孙武说："约束不明，法令不熟，这次应由将帅负责。"于是，重新做了说明。然后又击鼓，发出命令。宫女们又一次哄笑起来。

孙武说："纪律和动作要领，我刚才已经讲清楚，相信大家都听明白了。不听从命令，这就是故意违反军纪。队长带头违反军纪，要按军法处置。"于是他让人将两个妃子队长抓起来，砍头示众。

吴王听说了这件事大惊失色，急忙传令，让孙武不要杀他的爱妃。可是孙武说："我既已受命为将，将在军，君命有所不受。"于是，就将两个妃子一同斩首。之后，又指定另外两位妃子任队长，继续操练。

这次，孙武再次发出口令，所有的宫女都认真做起了动作，动作都合乎要求。孙武向吴王报告说，宫女士兵已经训练完毕，完全达到了战时可用的标准。

看到两个爱妃惨死刀下，吴王有些生气，对孙武爱答不理，十分冷淡。孙武态度诚恳地对吴王说："令行禁止，赏罚分明，是兵家的基本法则，是为将治军的通则。只有遵纪守法、听从号令，才能战胜敌人。"

这番话讲明了奖罚的重要性，吴王不得不佩服，最后不仅消除了怒气，还拜孙武为将军。在孙武的严格训练下，吴国军队纪律严明，战斗力增强，使吴国威名远扬。

这个故事已经年代久远，且直到今天仍对我们有着深深的启示。

企业高管的心理其实很简单：只要员工好好工作，我就给他相应的报酬。其实，赏罚的问题就是付出与得到的问题。赏罚不分明，员工就会对自己付出的价值表示怀疑，积极性就会下降甚至丧失。

赏与罚是管理者领导下属的两大利器，只有赏罚分明、令出必行，才能最大限度地激发下属的积极性。

某个老板发现有个员工工作不认真,上班的时候经常玩游戏,并没有立即炒掉,而是把他叫到办公室,宣布给他涨工资。等到下个月快发工资时,他再将这个人直接炒掉。

有人问他,为什么要这样做?他说:"我上个月直接炒掉他,他不会惋惜那份3000元的工作,可是这个月他会因为失去一份5000元的工作而感到后悔。"

奖罚是团队管理的有效手段,激励下属,就要坚持这一重要原则——公平公正,该罚则罚,该奖则奖,赏罚分明。奖励是正面强化员工行为的重要手段,对某种行为给予肯定,就能使之得到巩固和保持;而责罚则是对反面行为的强化,对某种行为给予否定,就会使之逐渐消失。

2. 权威暗示效应——打造企业权威领导力

权威效应,又称权威暗示效应,是指一个人的地位高、有威信、受人敬重,他所说的话及所做的事就容易引起别人的重视,并让他们相信其正确性,即"人微言轻,人贵言重"。

权威效应普遍存在,首先,由于人们都有"安全心理",总认为只要是权威人物说的话、做的事,就都是正确的,只要服从他们,自己就能增强安全感,减少犯错的概率;其次,人们还渴望得到他人的赞许,觉得权威人物的要求和社会规范一致,按照权威人物的要求去做,就会得到他人的赞许和奖励。

美国心理学家曾做过一个实验:

心理学家在给某大学心理学系的学生讲课时,向学生介绍了一位从外校请来的教师,说:"这位教师是来自德国的著名化学家,下面这节课咱们一起上。"之后,"化学家"装模作样地拿出一个装有蒸馏水的瓶子,说:"这是我最新发现的一种化学物质,有些气味,各位同学只要闻到气味,就举手。"结果,多数学生都举起了手。

第六章
企业制度与绩效管理

其实，这些蒸馏水本来没有气味，可是在这位"权威"化学家的语言暗示下，多数学生都认为它有气味。在"安全心理"和"赞许心理"的作用下，就诞生了权威效应。

在企业管理中，领导利用"权威效应"去引导和改变下属的工作态度和行为，会取得比命令更好的效果。因此，优秀的领导肯定是企业权威，或为企业培养一个权威，然后利用权威暗示效应进行领导。

春秋战国时，将军吴起有着卓越的军事才能，立下了赫赫战功，是战场的常胜将军。之所以会取得众多战绩，与他带兵打仗的方式有很大关系。

据说，吴起虽然位居将军，但跟最下层的士卒同衣同食。睡觉时不铺席子，行军时不骑马坐车，亲自背干粮，和士卒共担劳苦。士卒中有人生疮，吴起就用嘴为他吸脓。士卒母亲知道后，大哭起来。别人说："你儿子是个士卒，将军亲自为他吸取疮上的脓，你为什么还要哭呢？"

母亲说："过去吴公为我父亲吸过疮上的脓，父亲感激涕零，作战时就跑在最前面，奋力厮杀，最终战死在了敌人的刀下。现在吴公又为我儿子吸疮上的脓，他定然也会心中激荡，只是我不知他会死在哪里，所以我哭。"

将军对士兵的管理与管理者对员工的管理一样，威信都发挥着巨大的作用。将军吴起非常亲民，在士兵心目中树立起了极高的威信，以至士兵心甘情愿地上战场拼杀；而管理者的威信则能让员工为了企业利益着想，按照管理者的要求进行工作，保证企业的正常运行。权威领导力，不可忽视！

3. 赫勒法则——合理的监督机制让工作更高效

赫勒法则是指，当人们知道自己的工作成绩有人检查时会加倍努力。人都有被尊重的需要，满足了对方的这种需要，他就更愿意为你做些事。这种尊重的需要更多地来自别人的肯定，管理中的有效监督便是上级肯定下级的一种表现。

从本质上来说，人都是有惰性的。之所以要对员工进行管理，一部分原因也在于此。管理的主体是人，客体也是人，要想真正调动起员工的工作热情，提高员工的工作积极性，就要灵活运用手中的激励和监督机制，调动好你的指挥棒。

一次，上海肯德基有限公司收到国际公司寄来的三份鉴定书，对外滩快餐厅的工作质量进行了三次评分鉴定，成绩分别为83分、85分、88分。经理感到很奇怪，这些分数是如何评定的？

原来，肯德基国际公司雇用、培训了一批人，让他们佯装成顾客潜入店内进行检查评分。这些人来无影、去无踪，没有时间规律。快餐厅的经理、雇员备感压力，丝毫不敢懈怠。正是通过这种方式，肯德基不仅广泛了解到基层的实际情况，还做到了对员工的工作监督，这大大提高了他们的工作效率。

企业不仅要建立起科学有效的激励机制，还要进行科学的实施和管理，监督各项工作的顺利进行。有效的激励机制能大大调动员工的工作主动性和热情。麦当劳公司实施的"走动式管理"与肯德基的这种做法有异曲同工之妙，只不过一个在明，一个在暗。

如此，就为基层员工制造了一种监督压力，促使他们好好工作。同时，亲临现场指导员工解决问题，不但能使管理者知道谁在干活，而且当管理者向员工请教、咨询问题时，员工也会产生一种受尊敬和重视的感觉，通常会很骄傲地描述他们的工作，如此也就增强了员工的工作热情，收到一石二鸟的效果。

有效的监督机制能促进员工更加努力工作，在全美第一大DIY店Home Depot的管理中表现尤为明显。Home Depot公司最为人称道的就是，管理者会亲自到各店去巡察，并适时地对员工进行指导和教育，提高员工的工作能力。

有一次，创办人之一肯·蓝高到一家分店巡察，将十多位卖场同事聚集会休息室，大家一起闲聊。一位下属说，他对最近的绩效考评结果不满意。

蓝高回答说："我没有资格与你谈论这个问题，但公司对此类考评设计了公开透明的申诉渠道。首先，你可以直接找你们部门主管；其次，如果得不到合理解决，可以找副经理；最后，可以找店长。"

下属听了，回答说："我可以找部门主管谈谈，找副经理聊聊，但不会找店长。"

蓝高听了，大吃一惊，追问其原因，下属回答说："我们店有规定，出现了问题，不能找店长。"

蓝高感到不可思议，说："真遗憾，我想店长多半都很忙。这是我的电话，你们可以将我的电话记下，并告知所有的同事。有了问题但店长无法解决，可以直接打电话给我，我会和你们一起来想办法。"

接着，蓝高又适时对他们进行了教育，鼓励他们主动学习、积极做完上司交办的事后，问问自己："我已经按经理交代的做了，现在请告诉我，此举能如何帮我为顾客提供最佳服务？"如此，就能引导管理者将工作的重心放到你们的真正使命上。

面对问题时，蓝高善于利用时机教导及培育员工，不仅解决了同人们的问题，还鼓励他们向上管理。这样，就为公司管理取得了一种积极效果：变领导监督主管为员工向上管理主管，形成了一种员工、主管、领导的良性互动，增加了团队的工作效率和业绩。

4. 潘恩定理——制度面前，人人平等

美国政治学家 T. 潘恩认为，没人监督，是不值得信任的。这就提示我们，只有实现了自我监督，才能让他人的监督达到最佳效果。

企业缺乏管理制度，管理制度不规范、随意性大，员工如同肆意的野马，内部管理也会混乱不堪。员工吃里爬外，拿着企业的工资为其他企业

做事；挪用或贪污公款……都是缺少制度约束的结果。

信任、感情、义气等在企业管理实践中虽然很重要，但都不能取代管理制度。没有规矩，无以成方圆。企业不制定相应的制度和规则，就无法规范员工的行为；员工失去了规矩的约束，就会变成无法驯服的野马。

潘恩定理给我们讲述了制度的重要性，大到一个国家，小到一个企业，都不能过分依赖于某个或几个精英分子，其成功运作必须建立在完善的制度基础上。

下面这个"马和骑师"的故事再次告诉我们，没有制度，缺乏监督约束，将造成严重的后果。

一位绅士让马儿接受了正规训练，自己能够随心所欲地使唤它。只要将马鞭子高高一扬，马儿就乖乖地听他的话。看到自己可以用语言驾驭这匹马，他就认为，给马加上绳索是多余的。

一天，绅士骑马出去玩，解掉了缰绳。马儿在原野上奔驰，开始的时候比较慢，抖动着马鬃，高视阔步。当它意识到自己身上没有任何约束时，胆子渐渐大起来。它眼中冒火，脑袋充血，不听绅士的斥责，奋力往前奔跑，愈跑愈快，快速飞驰过广阔的原野。

马儿没有约束，撒开四蹄，一路狂奔，绅士摔下马来。马儿一路狂奔，忘记了危险，结果什么也不看、什么方向也不辨，冲下了悬崖，葬身崖底。

绅士爬起来，不停地追赶，到了悬崖边，悲痛地大叫道："可怜的好马呀！都怪我，如果不是我冒冒失失地解掉缰绳，你就不会肆意奔跑，不会落得如此下场了。"

所谓规章制度就是，企业有权制定部门事务处理的规范。规章制度是一种规范，是有关权利义务的设定，它的对象是全体员工，并非针对个别人、个别事。成功的企业都有一个秘诀：拥有一套适合本企业的优良的规章管理制度，并有一支团队反复执行和坚持。

20世纪70年代，日本伊藤洋货行的董事长伊藤雅俊解雇了工作能力不错的岸信一雄，在日本商界引起了不小的震动，舆论甚至还用轻蔑尖刻的口吻批评他。

伊藤洋货行从衣料买卖起家,后来进入食品业,看到公司缺少食品管理方面的人才,伊藤雅俊便想方设法从东食公司挖来岸信一雄。

岸信一雄来到伊藤洋货行后,担任总经理,对食品部进行了整顿,花费十年时间,让公司的业绩提高了数十倍。可是,随着公司业绩的提高,岸信一雄变得自满起来。他居功自傲,不遵守公司规章制度,反对公司改革,不执行战略决策;他不仅自己的业绩没有得到提高,还瞧不起努力工作的下属。在他的影响下,下属的积极性大减,部门的工作效率直线下降。

董事长伊藤雅俊教育批评了他很多次,他不但不改,还变本加厉,公司只能将他辞退。面对舆论的尖锐质询,伊藤雅俊理直气壮地反驳:"秩序和纪律是企业的生命,我们不能因他一个人而减低整个企业的战斗力!"

对于最重视秩序、纪律的伊藤来说,公司业绩虽然实现了持续上升,但他无法容许"治外法权"持续下去,否则会毁掉自己辛苦建立起来的企业体制和组织基础。从企业的发展角度来看,伊藤的做法是正确的,企业上下都需要严格遵守严明的纪律。

公司制度是对善的保护,是对恶的惩罚。无规矩不成方圆,严密而细致的规章制度是企业目标得以实现的保障,每个人都应该遵守,制度面前人人平等,没有特权。

5. 罗杰斯法则——执行起来,才能实现目标

加利福尼亚大学的学者曾做过这样一个实验:

他们将六只猴子关在三个空房间里,每间两只,各房间都放置着一定数量的食物,但具体高度不同:第一个房间,食物放在地上;第二个房间,食物悬挂在一定高度上;第三个房间,食物悬挂在屋顶。十天后他们发现,第一个房间里的猴子一死一伤,第三个房间里的两只猴子都死了,只有第二个房间里的两只猴子活得神采奕奕。

原来，第一个房间里的猴子一进房间就看到了地上的食物，为了争夺食物彼此争斗，结果一死一伤。第三个房间里的猴子虽然努力了，但食物放置得太高，够不着，只能被活活饿死。第二个房间里的两只猴子先按各自的本事取食，看到悬挂食物高度增加，一只猴子便托起另一只猴子跳起取食。因此，每天都能取得足够的食物。

这个实验告诉我们，用人机制可以有效保障执行力，只要选用合适的人才，就能做出成绩。岗位难度太低，无法体现出员工的能力；资源配置不合理，很容易导致内耗甚至自相残杀，如同第一个房间里的两只猴子。岗位难度太大，即使努力了也够不着，最后只能将人才埋没。只有难易适当，并设立段位考核机制，才能真正地将员工的能力提升上去。

团队，是一群人的集合体，大家的专业不同、经验不同、背景不同，为了达到共同目标而走到一起，每个人都要承担一定的责任，只有齿轮都运转起来，整个机床才能实现良性运转。企业是靠流程来运作的，个体都是流程环节上的重要节点，如果某个人没有按照事先约定的流程来做，整个流程的执行效果就会大打折扣。团队不是合唱团，只要出现一个南郭先生，整个团队就会受到影响，出现不和谐的音符。

"迅速反应，马上行动"就是海尔作风的真实写照。

海尔总裁张瑞敏，是个独具战略眼光的人，他认为，要想让集团公司正常运作，就必须建立一种计划和行动，统一面对市场，步调一致，协调有序，规模经营，发挥集团的强大作用，取得市场上压倒性的优势，赢取企业经营效益最大化。因此，对人的管理，一直是海尔企业文化建设的重中之重。如今，集体事业感的培养，服从意识的建立，忠诚品质的修为，一切行动听指挥，绝对服从，积极主动，心悦诚服地服从，已成为海尔文化的核心和高效执行力的有力保障。

在海尔文化中心贴着一张纸，上面列出了很多需要员工遵守的规则，其中"不许在车间大小便"等条款赫然在列，乍看起来根本就不像企业的规章制度。但是这13条款，却是张瑞敏上任后颁布和实施的第一个管理规

第六章
企业制度与绩效管理

章。制度的起点如此低，确实令人感到惊讶，甚至还会让人忽视掉。可是，只要了解到13条颁布的背景，人们恐怕就会对张瑞敏的独到眼光和解决问题的魄力产生佩服之情了。

1984年，张瑞敏到电冰箱厂上任，厂子眼看就要倒闭，产品质量很差，积压在仓库，资金短缺，无法周转，员工领不到工资，管理混乱，人心动荡，迟到旷工、打架斗殴等现象更是频繁出现，抽烟喝酒、随地大小便等现象到处都是。

面对混乱的局面，张瑞敏没有畏惧，没有退却，采取了一个出人意料又在情理之中的举措。他跟朋友借来几万元钱，为员工发了一个月的工资，解决了员工生活的燃眉之急。员工深感意外，也深受感动，看到张瑞敏能为他们着想，有能力，办实事，他们开始相信张瑞敏。

解决了员工的生活之忧，为了稳定住员工的情绪，张瑞敏制定了规章制度，严格按照规章制度管理工厂。第一个规章制度就是上面提到的13条，包括严禁盗窃工厂财物、严禁打架斗殴、严禁在车间大小便等。这13条紧扣员工的基本道德底线，一经推出，就受到了员工的支持和拥护。之后，张瑞敏将13条逐步落实到行动上。抓住违反制度的员工，他不会急着处理，而是发动大家一起讨论，努力挖掘出行为深层次的思想根源，让员工深刻认识到其危害性，做好自我反省，养成自觉遵守的习惯。同时，张瑞敏还引导员工把这种认识上升到理念层次，层层推进，制定出更加严格的制度，使制度积淀为一种文化理念。

随着海尔制度建设得越来越完善、越来越严格，文化积累也越来越厚重，团队思想更是越来越统一，继而形成了强大的团队执行力，为企业的辉煌奠定了基础。

纪律是企业和团队文化的精髓，没有了纪律，企业和团队就是一盘散沙，就会失去约束，各自为政，你东我西，出现海尔初期"在车间大小便"的情况。纵观海尔整个企业的运作，每方面都受到了这种文化的强大渗透和影响，每个方面都有严格的奖惩制度作为支撑。

从海尔成功的脚步里我们可以看出，只有绝对地服从才能有效执行，只有严格的制度和严明的纪律才能保证服从习惯的养成。任何一个团队和企业，要想生存和发展，必须制定严明的纪律规则。

6. 飞轮效应——团队需要坚持不懈地努力

想象一下，这里有个很大的飞轮，直径30米，高1米，重50吨。将飞轮当作你的公司，你带领下属来推轮子，尽可能推得快一些，就好像要把公司运转起来。

刚开始，轮子是静止的，要使出很大的力气，才能让飞轮移动一点。继续使劲推，两天后，轮子转了一整圈，稍快了点；继续推，飞轮转的速度就会不断加快，两圈、三圈、四圈、五圈……轮子越来越快，最终在某一点，只要稍微用力，轮子就能飞快转起来。力量没有增加，但轮子的速度却飞快。

这就是"飞轮效应"，主要描述了一个公司从平庸到卓越的转变过程。所谓飞轮效应是指，为了使静止的飞轮转动起来，开始时必须使很大的力，一圈一圈反复推，每转一圈都很费力，但每一圈的努力都不会白费，飞轮会转动得越来越快。达到一个很高的速度后，飞轮就会具备很大的动量和动能，使其短时间内停下来所需的外力更大，如此就能克服较大的阻力维持原有运动。

进入某一新的或陌生的领域时，企业都会经历这一过程。想轻而易举地让飞轮转起来，就要足够坚持。只要坚持不懈地推动事业的飞轮，终有一天，它会自己飞快地旋转起来，无须费多大力气。

这一原理告诉我们，不管做任何事，都需要在开始的时候付出巨大的努力，当企业走上平稳发展的快车道后，一切都会好起来。持续的改善和提升绩效蕴藏着巨大的力量，只要将实际成效展示出来，其他人就会逐渐了解并感觉到公司的加速前进，就会团结一致。

第六章
企业制度与绩效管理

如果你正经营着一家有 5000 名员工的企业，要想实现战略转型，就要一步一步、一点一点、持续不断地推动飞轮，使战略转型最终取得极大成效。尝试着一步步实现计划，就可以看到工作成绩。如此，员工才能从成绩中建立起信心，而不是靠空洞的口号去鼓舞人心。

相反，为什么许多听起来不错的战略最终都失败了？因为它们没有可信度，让人感到不踏实，没有使人建立起信心。这也就是飞轮效应的反面——死亡循环。

陷入死亡循环的企业，不会坚持飞轮效应，而是以一种狂躁的热情去推动变革；一旦遭遇到预料之外的挫折，就会立刻调整方向——换个 CEO，换种策略，开始新的运动。

7. 帕金森定律——警惕"职场污染病"

诺斯古德·帕金森，是英国历史学博士，曾在哈佛大学担任教授。

1957 年帕金森到马来西亚的一个海滨度假，悟出了这条定律，后来他将自己思考的结果发表在伦敦的《经济学家》期刊上，对人们的思想造成了巨大影响。《帕金森定律》一书出版后，被翻译成多国语言，长期稳居畅销书榜首。

帕金森在书中阐述了机构人员膨胀的原因和后果：不称职的官员，可能有三条出路，第一是申请退职，把位子让给能干的人；第二是让能干的人来协助自己工作；第三是任用两个水平比自己更低的人当助手。这里，第一条路是千万不能走的，因为那样会失去更多权力；第二条路也不能走，因为能干的人会成为你的对手；第三条路，让两个平庸的助手来分担，自己则高高在上发号施令，助手上行下效，再为自己找两个更加无能的助手。如此类推，就会形成一个机构臃肿、人浮于事、相互扯皮、效率低下的领导体系。

帕金森最终得出结论：在团队管理中，行政机构会像金字塔一样不断增多，行政人员会不断膨胀，员工虽然很忙，但团队效率很低。这条定律又被称为"金字塔上升"现象。

在《帕金森定律》一书中，有个老太太寄明信片的故事：

一位老太太想给侄女邮寄明信片，结果找明信片用了一小时，选择该用哪个明信片用了一小时，找侄女的地址用了半小时，写祝词用了一个多小时。之后，为了决定寄明信片时是否带雨伞花费20分钟……做完这一切，老太太感到劳累不堪。

同样的事，即使是工作繁忙的人，也能在上班途中用五分钟的时间顺手做完。帕金森认为，工作会占用一个人的所有可用时间，安排充裕的时间去完成一项工作，就会放慢节奏，或者让其他事情有可乘之机。工作膨胀出来的复杂性会使工作显得很重要，但会因为工作的拖沓、膨胀而感到苦闷、劳累，甚至精疲力竭。

虚职过多，是造成企业人浮于事的一个重要原因。企业是创造利润的机器，一旦背上沉重的人员负担，就无法顺利运转了。所以，要想让企业这台机器转动得更快，就要立刻解决人浮于事的问题。

唐太宗时期，中央政府官员只有643人；而宋仁宗时期，中央政府官员居然超过了1.7万人。当时，北宋管辖的疆域只有唐太宗时期的一半。

宋仁宗不仅滥授官职，还随意授给宗室亲信官职。皇朝宗室期间，男孩年满七岁就能做官，有人甚至一出生就有职位和俸禄。宋朝时期，买卖官职成为时尚，不同的职位，制定不同的价格，每年都有很多人花钱买官，进入官吏队伍。

官吏队伍成员过滥，发生了很多怪事：一是当官的不做事。中书令不理朝政，侍郎不做事，谏官不进言，起居舍人不记事。二是官职分家。宋朝的官员分为寄禄官和职事官。寄禄官只领俸禄没有职务，职事官主要负责管理具体事务。三是官职不符。官职与管理的事项不相配，有人是县令，却在转运司任职；有人是陕西路节度判官，其实是秘书省校书郎，啼笑皆非的事情比比皆是。

机构庞大、人员过多，是造成效率低下、环境动荡的重要原因。宋朝最后灭亡，与这一原理有着直接关系。因此，企业要想顺利发展，就要重视人员的精干问题。

在用人方面，日本来岛集团一直都坚持"少而精"的原则，每个员工都会负责多项工作。来岛共有两万多名员工，除了特殊岗位外，大部分人都会轻松愉快地从事三项以上的工作。

片上久志是一位普通员工，所属部门是"船坞业务部"，其实身兼数职，承担着总务、人事、员工福利等多项工作。除此以外，他还是餐厅经理，不仅要时不时地在餐厅露露面、看看账，还要负责采购、设定菜单、选录人员、广告宣传等工作。

老总坪内寿夫没有专职司机，司机把他送到办公地点后，就要立刻回去帮餐厅运送货物、到服务台从事接待工作。坪内寿夫最讨厌没有实质工作的人，一旦发现，就会将这类岗位废除掉。

在成立"来岛集团协同技术研究所"时，坪内寿夫拟定的编制只有十个人，但为其提供了充足的资金。森本辰雄搞不明白，因为通常一个研究所大概需要200人。10与200简直是天壤之别，可是既然老板这样规定了，他也只能遵命。结果，人员招聘好后，不是几个人承担一个课题，而是一个人要承担几个课题，但每个成员都能得到丰厚的回报。

在一些国有企业，现代企业制度建立不完善，计划经济时期的痕迹没有彻底消除，为了照顾情绪、照顾关系，就会在科室里设置一些享受某种待遇的虚职。这种做法不必要，也有害。没有做出应有的贡献却要拿较高的报酬，不但会影响大多数员工的积极性，还会直接影响企业经济效益的提高。在市场经济条件下，没有免费的午餐。

8. 牢骚效应——让员工发泄，能够提高工作效率

"牢骚效应"来源于美国哈佛大学心理学系组织的一次实验：

影响世界
500强企业的 101 个经典管理定律

在芝加哥郊外，有一家制造电话交换机的工厂。工厂不仅为工人提供了完善的生活和娱乐设施，在社会保险、养老金等等方面，也做得很不错。可是，工人的积极性并不高，销售业绩也一般。为了找到原因，该厂长向哈佛大学心理学系求助。哈佛大学心理学系决定，由梅奥教授领导，组建一个专家组对这件事展开调查。

专家组很快就入住工厂，进行研究。在进行的一系列试验研究中，有个"谈话试验"。具体做法是：专家找个别工人谈话，耐心倾听工人对厂方的意见和不满，详细记录下来，不反驳、不训斥。这个实验历时两年时间，共约两万多人次进行了谈话。结果，在这两年期间，工厂的产量大幅提高。

最后他们找到了员工工作积极性不高的原因：工人长期对工厂怀有不满，但无处发泄。这种"谈话试验"，让员工将不满发泄了出来，舒缓了不良情绪，工作有了积极性。

这就是我们所说的"牢骚效应"。它告诉我们：对于企业，每个员工都有多种愿望，如果企业未能实现或满足，他们就会感到心里不舒服，时间长了，就会变成一种不良情绪继而影响到工作积极性。因此，要想让员工全身心地投入工作，就不要压制他们的不良情绪，要引导他们发发牢骚，宣泄出来。

历时几年的实验和研究，学者们终于意识到，人不仅要受到外在因素的刺激，更有自身主观上的激励。就霍桑试验本身来看，当六名女工被抽出来成为一组时，她们就意识到了自己是特殊的群体，是试验的对象，是专家一直关心的对象，这种受注意的感觉使她们加倍努力工作，证明自己是优秀的、是值得关注的。

帕特·布普纳是美国威斯康星州格林贝市的儿童保育中心的总经理，每隔一个月就要请员工出去吃一次比萨饼。就餐时，他会先让员工发发牢骚，比如："你怎么还不还我的东西""你怎么一点都沉不住气"等。之后，再让他们就管理问题提出自己的看法，提出建设性建议。

这种"正式的宣泄集会"并不需要多高的花费，但效果不错。不满情绪积累到一定程度，人就容易引发疾病，把不满情绪通过适当的方式发泄出去，不仅对工作有利，还对身体有利。

能将一种消极的发泄变为积极的引导，这位管理者的能力着实惊人。当然，无论是发泄，还是提建议，其本质都是在跟员工进行沟通。只要渠道通畅，就都能取得不错的效果。

工作十分辛苦，抱怨自不必说，可是为了不丢掉眼前的工作，很少有员工会将心中的不满发泄出来。长时间积累，就会影响到员工的工作，而引导员工将不良情绪宣泄出来，员工心中积蓄的坏情绪就会被消除掉，工作也就更有干劲。

为了舒缓员工的情绪，松下公司设立了"恳谈室"。在这个房间里，摆放着很多仿真橡皮人，如果员工充满怨气和愤怒，就可以肆意殴打橡皮人出气。比如，销售人员在客户那里受了委屈，忍着一肚子气回到公司后，就可以在宣泄室殴打橡皮人出出气。

笑容会传染，同样，负面情绪也会传染，而且传播速度还非常快，远超过笑容的传播速度。在工作中，管理者不能很好地处理员工的消极情绪，就会让消极情绪在公司蔓延。在模仿心理的作用下，其他员工就会模仿情绪低落的同事，模仿他们的动作、姿势和面部表情。不及时遏制，这些负面情绪就将成为公司的生存安全隐患。

人的情绪呈波浪形变化，不是固定不变的，自然可能产生消极情绪，与其压抑它，倒不如为员工提供恰当的机会，让其释放出来。

9. 实干法则——踏实肯干，才能提高工作绩效

行动高于一切，实干胜于空谈，实干决定成败。那么，究竟什么是实干？"实"就是踏实，不虚假；"实干"就是要脚踏实地地工作，少说空话和大话，少喊不切实际的口号。

团队怎样才能发展，怎样才能成功？唯有实干。团队需要的是真心实

意、脚踏实地的实干家。千里之行,始于足下,很多大事业的成功都是从一点点小的事情做起的。

也许你会说,比尔·盖茨是科技天才,用他的天赋就足以取得辉煌的成就,他根本就不苦,他还是世界上最有钱的人,每天早上一睁眼,就有几千万美元的入账,悠闲自在,什么都不用干,怎么可能和辛劳搭上边?

如果你真的这么想,就大错特错了。

富兰克林说:"天才就是最强有力的牛,他们都是实干家,一天工作18个小时。"比尔·盖茨就是这样的实干家,他天赋惊人、勤奋努力,简直就是一头牛。

在你抱怨晚上要加班的时候,比尔·盖茨曾工作起来会两三天不合眼。

在你抱怨工作餐不够丰盛时,比尔·盖茨曾一边工作一边吃掉汉堡包。

在你抱怨无法睡到自然醒时,比尔·盖茨能在任何地方打个小盹甚至趴在键盘上睡觉。

在你抱怨海外之旅玩得不开心时,比尔·盖茨在旅途中依然要保持工作16个小时——在飞机上抓紧时间阅读有关该国国情的书或杂志;到达目的地后,跟微软的当地代表见面,讨论商务策略,讲解和演示微软产品。

在你抱怨周末和假期永远不够用时,比尔·盖茨会连续工作六年不休息。

……

世界上最成功的老板、最富有的人都在如此勤奋地工作,作为普通管理者的你,还有什么理由不实干?在企业还没有走上正轨的时候,你还有理由休息?

看到比尔·盖茨在电视上优雅而绅士地微笑,不要感叹,因为只有没有生活之忧的有钱人才能笑得悠闲而从容。只有实干的人,才能立足于社会,才能兢兢业业地工作,才能不断开拓进取,才能怀着满腔的热情全力以赴。

成功是要靠实干来获得的,太多重视挫折和不平带来的委屈,把时间

第六章
企业制度与绩效管理

和精力都浪费在抱怨上，只能白白丧失掉大好的年华，错过可以取得成就的机会；优秀的管理者在遇到不愤之事时，会将恼怒或悲痛化为动力，把抱怨化为行动，踏踏实实去改变窘境。

在团队工作中，有的成员之所以失败或工作不能出色地完成，就是因为他们心中总是抱有很大的幻想，无法将注意力集中在工作上。浙江商人非常注重脚踏实地的务实精神，最喜欢说的一句话就是："用事实说话，用效果说话。"

求真务实才是企业的灵魂。那么，什么是求真务实呢？说通俗点就是，员工吃苦耐劳、实实在在地去完成自己的本职工作，科学实干、顽强苦干、创新巧干。

首先，科学实干。企业能否发展不在于员工数量多少、机构配备多完善，而在于员工能实实在在地为公司工作，在于团队能以饱满的状态良好运行。人员配备太多，大家完成了手头的工作后，就会去上网、玩游戏。如此，员工就失去了工作的积极性，也就无法实现默契合作了。

其次，顽强苦干。顽强苦干的精神就是员工要具备吃苦耐劳、任劳任怨的工作精神。吃苦耐劳是现在企业精神的又一重要组成部分，马云说过："我考核一名员工的能力，首先要看他是否能吃苦耐劳，不是先看他是否有什么样的能力、如何有本领。本领可以学，而吃苦耐劳的品质是一时学不来的。"吃苦耐劳是团队持续发展下去的基础。

最后，创新巧干。一个企业光有埋头苦干的精神还不够，求真务实还要体现为创新巧干。所谓巧干就是要利用企业及个人拥有的基本因素，打破唯条件论、唯金钱论的思想，敢闯敢试、敢为人先，在创新中下功夫、谋出路、求突破，从不合时宜的观念、做法和体制中解放出来。

总而言之，求真务实是企业的灵魂。管理者要带领团队在工作中科学实干、顽强苦干、创新巧干。

10. 棕熊法则——激励的方法不同，产生的绩效也不同

关于激励方法，有个著名的棕熊法则：

黑熊和棕熊都喜欢吃蜜蜂，各有一个蜂箱，养着同样多的蜜蜂。有一天，它们决定比赛看谁的蜜蜂产的蜜多。

黑熊觉得，蜜的产量取决于蜜蜂每天对花的"访问量"，于是花费巨款，买来一套测量蜜蜂访问量的绩效管理系统。在它看来，蜜蜂接触花的数量就是其工作量。每过完一个季度，黑熊就会公布每只蜜蜂的工作量；同时，为了奖励访问量最高的蜜蜂，黑熊还设立了奖项，但它从没有告诉蜜蜂它在与棕熊比赛访问量。

棕熊认为，蜜蜂产蜜多少的关键在于每天采回多少花蜜——花蜜越多，酿的蜂蜜也越多。它告诉蜜蜂：它正在跟黑熊比赛，看谁产的蜜多。之后，棕熊也花钱购买了一套绩效管理系统，用来测量蜜蜂每天采蜜的数量和蜂箱酿出的蜂蜜数量，并发布公告；同时，还设立了一套奖励制度，月采花蜜最多的蜜蜂，会得到奖励。

一年过去，两只熊察看比赛结果，黑熊的蜂蜜不到棕熊的一半。

黑熊的评估体系很精确，但评估绩效与最终的绩效并不直接相关。为了尽可能地提高访问量，黑熊的蜜蜂都不会采太多的花蜜，因为采的花蜜越多飞起来就越慢，每天的访问量就越少。另外，为了让蜜蜂搜集更多的信息，黑熊还让它们竞争，结果由于奖励范围太小，为了搜集更多的信息，竞争最后变成了封锁信息。

而棕熊的蜜蜂则不同。棕熊不限于奖励一只蜜蜂，为了采集到更多的花蜜，蜜蜂相互合作：嗅觉灵敏、飞得快的蜜蜂负责打探哪儿的花最多最好，然后由力气大的蜜蜂到那儿去采集花蜜，剩下的蜜蜂负责储存并将其酿成蜂蜜。虽然采集花蜜多的能得到最多的奖励，但其他蜜蜂也能捞到部分好处，因此蜜蜂之间没有人人自危、相互拆台。

第六章
企业制度与绩效管理

这就启示我们，管理者要根据员工各方面的差异对他们进行个别化奖励。因为激励方法不同，产生的效果也不同。

任何人都无法强迫其他人做事，只能让他们自己心甘情愿地去做。而只有激励，才能让员工燃烧起来，让激情经久不息；唯有激励，才能使人的潜力得到最大限度的发挥。如果希望下属付出最大的努力，就要通过自己的激励实践，满足员工的需求和愿望。

开始做销售后，销售经理科尔连续五个月都是最佳销售员，看到其他销售员都不如自己，他自鸣得意，小尾巴就翘了起来。

不久，公司招来一个新销售员，两人的销售区域很相似，新员工渐渐超过了科尔，成为当月最佳销售员。

经理对科尔说："新手马上就要超过你了，不超过他，月奖金就归他了。"

经理的这番话大大鞭策了科尔，也激励了对手，两个人暗自较起劲来，互不相让，结果业绩都大大提高，难分高下。

研究表明，及时激励的有效率为80%，滞后激励的有效率只有7%。实践也一再证明，员工做出成绩或做了好事，本来应该得到表扬，却没有得到及时鼓励，就会变得气馁，失去继续努力的积极性；如果员工犯了错，却没有及时惩罚，错误行为就会愈演愈烈，造成积重难返的局面。

激励具有一定的时效性，每种激励手段的作用是在一定的时间限度内，超过时限，作用就会减弱很多。因此，对员工的激励不能拖延，要及时，要持续进行。

人的需求包括生理需求、安全需求、社会需求、尊重需求和自我实现需求等。一种需求得到满足后，员工就会产生新的需求。员工的需求都是不同的，对某个人使用的激励方法，可能对其他人就没有效果，比如：有的员工可能希望得到更高的工资，而有些人可能希望获得自由的休假时间……员工的性格不同，从事的工作也会有所区别，为员工提供与他的个性匹配的工作，才能让员工感到满意、舒适，才能提高他们工作的积极性。

哈佛大学的威廉·詹姆士教授调查发现：按时计酬的员工仅能发挥能力的20%～30%；受到充分激励，员工的能力可以发挥到80%～90%，甚至更高。其中，50%～60%的差距是激励工作所致。也就是说，同样一个人，通过充分激励后所发挥的能力相当于激励前的3～4倍。由此他得出一个公式，即"工作绩效＝能力×动机激发"。可见，在个体能力不变的条件下，工作成绩的大小取决于激励程度的高低。激励程度越高，工作绩效越大；激励程度越低，工作绩效就越小。

一个人做出成绩并取得报酬后，他不仅关心报酬的绝对量，还关心自己所得报酬的相对量。这个相对量会直接影响其今后工作的积极性。只有采取适合他的激励方法，才能取得最佳的激励效果。

第七章 企业经营与客户管理

1. 冰淇淋哲学——挺过冬天的寒冷，又何惧夏天的竞争

一位著名企业家从百折不挠的拼搏经历中总结出了著名的"冰淇淋哲学"，冰淇淋的售卖必须从冬天开始，因为冬天顾客少，会逼迫企业降低成本、改善服务。只要能在冬天生存下来，夏天的竞争就更不用担心了。

经济萧条时，大多数人都偃旗息鼓了，反而是探索机会的好时机。当经济再度复苏时，敢于把握冷门机遇的企业将能获取比以往更多的机会。台塑企业董事长王永庆是在经济萧条时把握冷门机遇的杰出代表。

1945 年，王永庆投身塑料业。当时，台湾对聚乙烯化合物树脂的需求量非常少，台塑第一年的年产量为 100 吨，而台湾的年需求量只有 20 吨。台塑备受打击，处于倒闭的边缘。

面对这一现实，王永庆经过反复分析研究，最后决定：继续扩大生产！他认为，与其守株待兔，不如勇敢创造市场；只有大量生产，才能降低成本，压低售价，使产品不受地区限制，吸引更多的顾客。

在将台塑产量扩大六倍的同时，王永庆还创办了一家加工台塑产品的公司，即南亚塑胶工业公司，专门为台塑进行下游加工生产。经过不断摸索和总结，台塑和南亚的业务开始好转，奠定了他在塑料工业的基础。

在市场竞争中，商业行情有涨有跌，经济状况也有繁荣和萧条，所有

第七章
企业经营与客户管理

的这些企业都不能未卜先知。经济发展好时，有些企业就会紧跟潮流、大捞一笔；经济萧条时，他们会关紧厂门，悄悄挨过黑暗期。但是，企业要想做大做强，就必须抓住经济不景气时的机会，因为任何一种经济大环境都包含着机会。

1940年李嘉诚跟父母从家乡潮州逃难到香港，当时他14岁。父亲本为教师，到香港后一时找不到工作，投靠舅父庄静庵。可是，不久父亲就患上了严重的肺病，临终时他没交代遗言，反而问李嘉诚有什么愿望。李嘉诚承诺："日后一定会令家人有好日子过。"

父亲病逝后，为了养活家人，李嘉诚离开了学校，先到一家钟表公司打工，之后又到一家塑胶厂当推销员。工作一段时间后，李嘉诚认真估量了自己的实力，他相信如果自立门户，成绩可能会更好。1950年，22岁的李嘉诚辞去总经理一职，尝试自己创业。

1958年，李嘉诚投标得到北角英皇道的地皮，建造了一幢12层高的工业大厦，只留下几层自用，其余的都对外出租。大厦落成后，香港物业价格立刻上涨。李嘉诚发觉房地产大有可为，就把资金投放到地产市场。

20世纪60年代中期，香港的房地产经历一场狂炒后，一落千丈。李嘉诚认为，土地价格会有再度回升的一天，采取"人弃我取"的策略，用低价大量收购地皮和旧楼，在观塘、柴湾和黄竹坑等地兴建工厂、大厦，全部用来出租。

没用三年时间，风暴就平息，当年离港的商家纷纷回到这里，房产价格立刻大涨。李嘉诚将廉价收购来的房产高价抛售获利，重新购买了发展潜力巨大的楼宇和地皮。这次他只买不卖，全都用来兴建楼宇。20世纪70年代初，李嘉诚已拥有六百三十多万平方英尺楼宇面积，出租物业超过35万平方英尺，年租金达400万港元。

商业世界的法则是，没有不好的行业，只有不好的企业；不是生意不好做，而是你家的生意不好做。"优秀的公司都是从冬天起来的！"所谓的经济寒冬，往往是企业快速崛起的最佳时机。

甲乙两人要赶往同一目的地，正好遇上暴雨。甲找了一个地方躲雨，等雨停后再走。乙觉得，夏天的雨来得快、去得快，掏钱买了一把大雨伞，继续上路。暴雨初歇，乙正好到达目的地，而甲却刚从躲雨的地方出发。

遇到坏天气，就要保持冷静，一边做自己的事，一边用心分析形势，总会找到通往成功的路径。毕竟，即使冬天再冷，终有一天也会过去。成功的企业不是解决了问题，而是抓住了更多的机会。优秀企业都会在冬天谋划、布局、投资，然后准备下一步的具体做法。

从冬天出发，就是要在大家都过得不好时，做好未来谋划；要改变观念，在众人都觉得没有希望时，果敢地运作和经营。只有善于过冬，才能更好地活在春天。

2. 哈默定律——没有做不成的生意，只有不会做生意的人

美国著名企业家、西方石油公司董事长犹太人阿曼德·哈默认为，天下没有坏生意，只有不善经营的买卖人。这就是著名的管理定理——哈默定理。

这里有个关于卖梳子的故事：

为了考验推销员，经理让他们向和尚推销梳子。

第一个人宣传："我的梳子质量好，能保护头发，还可以按摩。"最后，看到一个头上长癣的小和尚，他说："我的梳子可以抓痒。"最终，小和尚买了一把。

第二个人提醒和尚说，香客的头发被风吹乱了是对佛大不敬，听之任之，就是一种罪过。结果，他卖出了十把梳子——每座佛像前一把。

第三个人来到最大的寺庙里，跟方丈说："你想不想增加香火钱？"方丈说："想。"方丈接受了这个人的建议，在寺庙最热闹的地方贴上告示：捐钱送礼物。什么礼物？一把功德梳。当然，领到梳子后，在人多的地方梳头，就能将晦气梳掉，得到好运气。得到梳子后，人们纷纷开始梳头，

第七章
企业经营与客户管理

香客的注意力被梳子成功吸引,捐钱的人越来越多,3000把梳子一售而空。

从这个故事可以看出:或取或舍显高下,一买一卖见智愚。生意,没有做不成的,只有不会做。

下面这个故事,与之有异曲同工之妙。

不同公司的两个推销员,奉命到一个海岛去推销皮鞋。两个人上岛后,发现岛上居民没有穿皮鞋的习惯。

一个推销员给总部回电:该岛没有皮鞋市场。然后,打道回府。

而另一个推销员的报告是:该岛居民还没有穿皮鞋,市场潜力极大。结果,他留了下来,经过一段时间的拓展,成功占领了该岛皮鞋市场。

面对市场,只有随机应变、转换思维、创新变通,树立市场创新意识,积极开拓进取,透过市场表面现象去抓住潜在的机会,人无我有,人有我优,细分并挖掘市场、创造市场,才能占据市场和机会。

有两家卖粥的小店,每天的顾客差不多。可是晚上结算时,左边店总比右边店多出百十来元,天天如此。

原来,顾客进右边粥店时,服务员会微笑着迎上去,盛一碗粥,问:"加不加鸡蛋?"客人如果说加,服务员就给客人加上一个鸡蛋。每进来一个,服务员都要问,有说加的,也有说不加的,各占一半。

走进左边粥店时,服务员也是微笑着迎向顾客,之后给他盛上一碗粥,然后问:"加一个鸡蛋,还是两个鸡蛋?"客人笑着说:"加一个。"

之后,又进来一个顾客,服务员又问了同样的问题。爱吃鸡蛋的说加两个,不爱吃的说加一个,要求不加的则很少。一天下来,左边店卖出的鸡蛋就比右边卖出得多。

做决策时,思维总会被得到的第一信息所左右,第一信息会像沉入海底的锚一样把你的思维固定在某处。第一信息的不同,会让你做出不同的决策。左边粥店的聪明之处在于,做事既给别人留有余地,更为自己争取了尽可能大的利益。

俗话说:"赠人以言,重于珠玉;伤人以言,重于剑戟。"巧妙运用语言会带来不同的后果，能起到交流思想、通融感情、调节关系、和气生财的作用；相反，出言不逊，很容易引发矛盾，产生纠纷。企业在做好服务的同时，更应该注重传达给市场和消费者的第一声音。

3. 滚雪球效应——雪球越滚越大，优势会越来越明显

小时候，下大雪的时候，孩子们都会玩滚雪球。先用双手捧起一团雪，按压、捏圆；接着，放到雪地上滚几下，就会有雪沾到雪球上，继而膨胀成一个大雪球。随着雪球的不断滚动，雪球就会越滚越大。这就是所谓的"滚雪球效应"。它告诉我们：一旦得到了起始优势，雪球就会越滚越大，优势也会越来越明显。

日常生活中的例子也比比皆是：朋友多的人，会借助频繁的交往结交更多的人，而缺少朋友的人则往往一直孤独；名气高的人，会有更多抛头露面的机会，因此更加出名；容貌不错的人，更引人注目，更有魅力，更容易讨人喜欢，机会比一般人多；受的教育越高，越可能在高学历的环境里工作和生活……

客户管理也是如此：客户越多，影响力也就越大，客户也会越来越多。这是一个良性循环。

人与人之间存在着一种无穷的力量叫作口碑，口碑在人与人之间流传的时候本着人类分享的天性，以一种无私、无利润的形式存在，所以口碑传递的时候不仅公平，而且速度极快，还会在消费者的身上获得"相信"这两个字。

很多人都有过这样的经验：如果哪家餐厅有特色、哪家小吃店口味好、哪家服装店正在做打折促销、哪家咖啡厅的气氛好……客户都会主动告诉别人，也会在他人有需要的时候提出意见。这并不是因为他人能从中获取到利益，而是单纯地想为对方提供意见，单纯地想将自己的感受说出来。

企业在客户身上所做的一切都是为了更好地发展，忽略了客户的力量，

迟早会在客户的口碑传播中吃大亏。品牌的传播在于分享，这种力量会让你事半功倍。

优良的质量不是你觉得做得如何，而是客户觉得你做得如何？客户不会在乎也没有时间去在乎你的感受，客户心中最清楚的就是自己的感受。

4. 长尾效应——差异化竞争，你会获得更大市场

19世纪末20世纪初意大利经济学家帕累托认为，在一组东西中最重要的只占一小部分，约20%；剩下的80%尽管数量多，但不太重要。

"头"和"尾"是两个统计学名词，正态曲线中间的突起部分叫"头"，两边相对平缓的部分叫"尾"。从人们需求的角度来看，大多数的需求都集中在头部，而这部分可以称之为流行；分布在尾部的需求是个性化的、零散的小量的需求，会在需求曲线上面形成一条长长的"尾巴"，而所谓长尾效应就在于它的数量上。

谷歌是个最典型的"长尾"公司，其成长历程就是把广告商和出版商的"长尾"商业化的过程。

谷歌的AdSense让广告不再高不可攀，谁都可以做；另外，对成千上万的博客站点和小规模的商业网站来说，在自己的站点放上广告也很简单。目前，谷歌有一半的生意都来自小网站的广告。

数以百万计的中小企业代表了一个巨大的长尾广告市场。这条长尾能有多长，恐怕谁也无法预知。无数的小数积累在一起就是一个不可估量的大数，无数的小生意集合在一起就是一个不可限量的大市场。

差异化竞争是一种战略定位，即企业设置自己的产品、服务和品牌以区别于竞争者。为了提升市场竞争力，企业必须提供有别于其他竞争者的个性化产品、服务和品牌，真正为消费者带来好处，使消费者感受到企业的产品或服务优于其他厂商的同类产品或服务。

德国保时捷汽车公司，是世界上最大的特种汽车制造商，在国际汽车

生产企业中经济效益最高。

在汽车制造业内，有的以生产豪华、高贵型轿车为主；有的以生产经济、适用型轿车为主；有的以生产强悍、有力型的越野车为主；有的以制造载重汽车为主；有的以制造宽敞客车为主……保时捷避开了生产通用领域的车辆，选择跑车作为主产品。制造跑车的厂家中还有意大利的"法拉利"，而保时捷创造了不同风格特点的跑车，与"法拉利"分别代表着跑车领域的两大流派。

差异化战略是中小型企业打造核心竞争力的利器，是企业在激烈的市场竞争中制胜的法宝。所谓差异化战略就是创造差异性，有目的地选择一整套不同的运营活动，创造一种独特的价值组合。保时捷公司实施差异化战略掌握了五个基本要点：

有独特的价值诉求。价值诉求主要有三个重要的方面：一是企业服务于什么类型的客户？二是满足客户什么需求？三是企业寻求什么样的相应价格？保时捷依据这三点价值诉求，形成了独特的产品定位、独特的客户定位、独特的价格定位，与竞争对手有很大的差异。

与众不同，为客户精心设计的价值链。营销、制造和物流等，只有跟竞争对手不同，才能形成自己的特色。保时捷坚持"911"型跑车纯天然手工制作，就是一大特色。

清晰取舍，确定哪些事不做。凡是有利于彰显"狂飙驰骋"风格的事情，保时捷都会不惜工本，积极投资；消费者不肯花钱的地方，保时捷会想方设法省钱；制定战略时会考虑取舍的问题，使竞争对手难以模仿。

价值链上的各项活动，必须相互匹配并彼此促进。没有"保时捷911"的研发和不断更新，保时捷公司就无法维系"保时捷"车迷的追捧。保时捷的优势不是某一项活动，而是整个价值链一起作用。

战略要有连续性。任何战略至少要实施3～5年，否则就不是战略。如果每年都改变战略，就等于没有战略，而是跟时髦。保时捷会根据经济形势的变化适当调整差异化战略，这正是保时捷与时俱进的明智之举。

决定竞争胜负的关键因素不是竞争双方各自拥有的力量或资源,而是他们运用力量或资源的方式,即采取的具体战略。企业的生存与发展在于自身的核心竞争力,关于核心竞争力的思想和方法,每个人都有不同的认识。但是,无论管理者如何见仁见智,产品差异化及服务差异化都是企业竞争的核心,是企业生存的根本。

5. 沃尔森法则——信息时代,要时刻关注市场变化

美国企业家 S. M. 沃尔森认为,你能得到多少,往往取决于你能知道多少;收集足够的信息和情报,金钱就会滚滚而来。所谓沃尔森法则就是,要想在瞬息万变的市场竞争中占据重要地位,就要准确快速地掌握各种情报和信息:市场有什么新动向?竞争对手采取了什么新举措?……获得了这些信息后,只要果敢迅速地采取行动,就能取得成功。

2013 年,中国酒业彻底结束了"黄金十年"的爆发式增长,进入深度调整期。面对复杂的形势和政策变化,五粮液集团及时对自己的发展战略进行了调整,围绕"民酒"价位,推动了"腰部战略"的实施,适时推出了战略新品,实现了产品创新。

这一举措,就是五粮液主动适应行业变化,以创新推动转型发展的一大范例,不仅对五粮液自身的发展产生了深远影响,还加快了全市的经济发展。

市场是企业生存的根本,更是企业发展的关键,市场瞬息万变,不关注市场,也就无法跟上市场变化的节奏,就会在市场变化中失去主动权。五粮液战略新品的推出,针对的就是行业和市场变化,我们有理由相信,这一战略的实施,定然能够有效推动五粮液抢占中低价位白酒市场,助力企业突围。

古人言:"兵无常势,水无常形。"如今,企业所面临的市场是一个在不断变化的环境,而且越来越成熟,消费者也越来越精明。与 20 世纪相比,

今天的市场有很大的不同，无论是竞争格局，还是消费者的思想和行为，都发生了很大变化。忽视了市场变化，只会让自己走入死胡同。只有顺应市场变化，及时做出战略调整，才会找到更大的发展空间，找到更好的经营模式。

一天，一位销售人员看到一位顾客站在一件真丝裙前看了很久，似乎很纠结。销售人员跟她进行了沟通，之后了解到，这位顾客是老顾客，先后购买过12件衣服。顾客对这件新款真丝裙非常喜欢，但是对部分花边和色彩不太满意，有自己的想法。销售人员立刻将顾客的信息传回公司，迅速安排下单生产，半个月后，这位顾客就收到了快递来的裙装。

为客户提供个性化服务，就是适应市场变化的一个举措。市场的变化就像一条曲折蜿蜒的道路，企业则像一辆汽车，如果汽车不能跟随道路的发展走向及时改变方向，一直朝着一个方向前行，就会慢慢远离市场。在所谓的"战略坚持"中远离"道路"，远离市场，也就远离了消费者。

6. 索尔法则——多元化经营利弊同在

多元化概念，由美国著名的企业战略家安索夫在"产品—市场战略组合"中首先提出来。他认为，所谓多元化经营就是，企业同时经营两种以上基本用途不同的产品。

多元化经营将多个产业、产品放在一个企业或企业集团内进行，可以充分利用企业的技术优势、市场优势、管理优势等，合理配置资源，提高资源的利用效率。与专业化经营企业比，更有效率，能获取更高的投资报酬。从世界著名公司的发展历史来看，多元化经营是产业走向成熟的必然之路，也是企业发展到一定规模的必然选择。

2001年，乔布斯推出了iPod。这种大容量的MP3播放器，容量高达10GB～160GB，可以存放上千首MP3歌；有着完善的管理程序和创新的操作方式，外观创意十足；除了MP3播放，iPod还可以作为高速移动硬盘使

第七章
企业经营与客户管理

用，可以显示联系人、日历和任务，还能阅读纯文本电子书。

2003年，乔布斯又推出了与之相配的音乐管理平台——itunse，这也是苹果历史上最具革命性的创新产品。无论是ipod、ipone，还是ipad，都可以通过它来管理，只要支付一美元，就可以在itunse上下载喜欢的一首歌，放到ipod里随时随地享受。2007年ipod的销量过亿，成为21世纪最受欢迎的数码播放器。

2007年乔布斯推出了iphone，不仅具有移动电话、宽屏iPod的功能，还有着上网功能。使用多点触摸技术，用手轻轻一点，就能拨打电话，还可以直接从网站拷贝粘贴文字和图片，应用程序也十分简单易懂。

"产品+服务"的商业模式扩大了苹果的品牌影响力，锁定了老客户，发展了新客户，壮大了果粉族群。2010年5月26日，苹果公司以2213.6亿美元的市值超过微软，成为全球最具价值的科技公司。

多元化经营，可以建立企业内部资本市场。一般来说，专业化经营的企业无法按照合理的成本筹措到足够的资金时，不得不放弃一些能获利的投资项目；多元化经营企业创造了一个很大的内部资本市场，企业可以通过企业内部的资金的调度在一定程度上解决资金不足的问题，使企业得到更多的投资和获利机会。

2013年后，特别是2014年，恒大的多元化声势达到了高潮。2013年11月9日，广州恒大足球队登上了冠军宝座。在决赛赛场上，恒大球员衣服上都印有"恒大冰泉"字样，此广告一夜之间传遍了现场球迷及全国电视观众，恒大矿泉水知名度立刻提升。第二天，恒大召集全国两百多家媒体，高调宣布进军高端矿泉水市场。接着，恒大冰泉在电视、互联网、楼宇屏幕等进行了一番广告轰炸，人们逐渐记住了"我们搬运的不是地表水""一处水源供全球"等广告语。

恒大冰泉的前身是吉林省黄金饮品有限公司，成立于2006年9月。2013年10月28日，恒大将其收购，更名为恒大长白山矿泉水有限公司，之后立刻推出恒大冰泉品牌，接着使用同样的手法推出了"恒大粮油"。

2014年8月27日，在万众瞩目的亚冠赛场上，"恒大粮油"四个大字首次出现在广州恒大足球队的比赛球衣上，瞬间传递给现场近五万名球迷及全国数亿电视观众。比赛现场，许家印与马云一同穿着印有"恒大粮油"的红色球衣坐在主看台上观看比赛，这张合影通过财经媒体引发了第二轮传播。第二天，恒大高调召开发布会，宣布正式进军粮油快消品领域。

不断开发新产品、开拓新的增长点、实现多元化经营，是现代企业生存与发展的重要方向，企业必须正确理解和运用多元化经营。

以与原有业务和新增业务之间是否关联为依据，可以将多元化经营分为两种类型：一种是相关多元化，包括三种类型：技术相关多元化、资源相关多元化和市场相关多元化；一种是非相关多元化，各基本单元，无论在技术上、物资资源上，还是在市场上，都完全不相关。

如果外部环境允许，而新增业务又有较大市场前景，就能够利用现有资源，开展相关多元化经营，规避风险，实现资源共享，产生"1+1＞2"的效果。

7. 二八定律——80％的利润来自20％的客户

二八定律也叫巴莱多定律，是19世纪末20世纪初意大利经济学家巴莱多发现的。他认为，在任何一组东西中，最重要的只有大约20％，其余80％虽然占据多数，但却是次要的。

1897年，意大利经济学者帕累托留意到19世纪英国人的财富和收益模式，经过调查取样，他发现大部分财富都流到了少数人手里。之后，帕累托从大量的事实中发现：社会上20％的人占有80％的社会财富，即财富的分配是不平衡的。同时，人们还发现生活中存在许多不平衡的现象，如此二八定律也就成了不平等关系的简称。

二八定律反映了一种不平衡性，但它却在社会、经济及生活中无处不在：商家80％的销售额来自20％的商品；市场上80％的产品可能是20％的

第七章
企业经营与客户管理

企业生产的;厂家80%的利润是由20%的客户创造的;在销售公司里,20%的推销员带回80%的新生意等。二八定律告诉我们,在原因和结果、投入和产出、努力和报酬之间并非是对等的。遵循二八定律的企业在经营和管理中往往能抓住关键的少数顾客,精确定位,加强服务,达到事半功倍的效果。

麦当劳的客户群,按照年龄可以分成5~14岁、15~20岁、20~30岁、30~45岁、45岁以上等不同层次;核心客户群按照消费能力可能在20~30岁,但是研究发现,麦当劳的核心客户群是5~14岁。为什么?这还要从麦当劳刚进入中国时说起。

麦当劳刚进入中国时,在北京王府井的十字路口开设了一家独立餐厅。那时,对于大多数的中国消费者来说,麦当劳还是一种新鲜事物,敢于尝试的消费者多是有一定消费能力的30岁左右的人。可是,这些人品尝了麦当劳后,很少有人进行二次消费。因为多数人认为麦当劳的口味不行,还不如老北京的炸酱面。

为了扭转中国人的饮食习惯,麦当劳决定从儿童抓起,特别是五岁左右的儿童。于是,儿童就成了麦当劳的核心客户,采取的营销策略也紧紧地围绕这一核心客户群展开。

为了吸引儿童客户,麦当劳从餐厅装饰到整体布局都体现了儿童特色,所有的麦当劳都设置了儿童乐园,同时还免费为学生提供自习时间,服务生甚至还会带领小朋友做广播体操,为小朋友庆祝生日等。如今,20~30岁左右的强力消费群,都是麦当劳十几年前苦心经营的结果。

有些商家认为,所有顾客同样重要,所有的生意和产品都必须付出相同的努力。但实际情况是,把所有精力平均分配给每个客户是不可取的,要将有限的精力和资源投放在大客户身上。

当今国际销售的新理念就是:客户不在多少,关键在于质。对于企业来说,为小客户提供服务跟为大客户提供服务,花费的时间和精力等都是相同的,但收益却不对等。20%客户决定了80%的绩效,80%的价值由

20%的客户创造。80%客户只创造了20%的价值,这样的小客户,只能浪费我们的时间;只有将时间都投入到20%的客户身上,获得的利润才会越大。

总之,"二八"定律要求,面对客户不能"眉毛胡子一把抓",要抓关键客户。

8. 阿尔巴德定理——满足顾客需求你才有竞争力

阿尔巴德定理是指,企业经营成功与否,主要依赖对顾客要求的了解程度。看到别人的需要,就成功了一半;满足了别人的需求,也就获得了最终的成功。该定理由匈牙利全面质量管理国际有限公司顾问波尔加·韦雷什·阿尔巴德提出。

了解、需求、相信和满意是客户购物的四个决定因素,只要四个要素齐全,客户就会下单购买。全方位了解、掌控顾客的需求,就是以客户为导向,就是生产和销售活动都要紧紧围绕着这四个要素展开,四要素缺一不可。一定要记住,只有满足了顾客的需求,企业才能提高竞争力。

一天,一位妇女走进百货商店,问销售人员:"有没有银灰色的手套?"销售人员回答说:"抱歉,已经没有了。"销售人员虽然说很抱歉,但态度很冷漠,妇女感到很失望。

这时,走来一位老者,直截了当地对销售人员说:"小姐,刚才如果是我,我就能把白手套卖给那位妇女。""如果卖不成怎么办?"销售人员满脸不高兴。

这时,又来了一位妇女:"有没有银灰色的手套?"老者迎上前去,以爽朗的声音回答:"很抱歉,刚卖完,再过几天才进货。进货前能不能用白色的代替呢?"

"但是……"

"白色的手套更醒目,还与你的时装相符。最近,比较流行这种白色。"

第七章
企业经营与客户管理

面对老者的恳切之情，妇女说："好吧，我买白色的，不过白色的容易脏。"

"对，白色的确实容易脏，因此要勤洗。我想，如果再有一双可以换的，就方便多了。"

老先生声调柔和、诚恳，有着令人难以抗拒的魅力。妇女听后，立即露出了愉快的笑容，买了两双白色手套。

老者就是世界著名百货店大王——瓦那美卡。

所谓"难者不会，会者不难"，销售人员一天都没卖出一双白手套，而瓦那美卡却轻而易举地将两双白手套卖给同一位顾客。这就再一次告诉我们，只有了解顾客的消费心理，并针对不同的顾客需求采取适当的应对措施，才能更好地说服他们，并激发出他们潜在的购买欲望。

客户是企业最宝贵的资源，其他所有资源存在的意义就在于满足客户的需求。因此，满足客户需求是企业生存的唯一目的，利润只是在满足客户需求过程中的结果。切记：满足客户需求是在市场经济条件下企业生存发展的永恒主题。

1983年，在美国奥斯汀的德州大学里，有个学医的大学生卡尔很喜欢计算机。一段时间后，卡尔决定用计算机赚钱。卡尔买来一些旧计算机，对计算机进行升级，之后卖给同学和教授。这笔生意让卡尔在第一年就赚了五万美元，之后卡尔决定休学自己创业。

卡尔成功的秘诀就是以客户为导向，全方位覆盖客户购买要素的生产和营销策略。客户有什么样的需求，生产和销售人员就提供什么样的产品，其实就是"以销定产"。

在早期创办公司时，卡尔就突破了传统的"4P"模式。他认为，每个消费者的需求都是不一样的：学生的钱比较少，要的内存比较小；教授比较有钱，要的内存可能就比较大。因此，应该根据客户的需要来安排生产。

那么，卡尔是如何满足客户需求的呢？

其一，突破了通过大批量生产降低价格的观念，提出了根据客户的需求来定制产品。

其二，采用直接销售，消费者会因为产品价格便宜，能够得到直接的服务，愿意直接从他这里买。

其三，直接给客户提供上门的服务，解决了客户维修的问题。

随着市场的日益成熟，产品的逐渐增多，顾客的选择也越来越多种多样。这种情况下，想要在激烈的市场竞争中脱颖而出，就要掌握满足顾客需求的技巧。

客户基本需求可以大致概括如下：受欢迎的需求、及时服务的需求、感觉舒适的需求、有序服务的需求、被理解的需求、被帮助的需求、受重视的需求、被称赞的需求、被识别或记住的需求、受尊重的需求、被信任的需求、安全及隐私的需求。

懂得如何满足顾客的需求，能够提高顾客对产品（包括服务）的满意度和忠诚度，获得稳定的收益；无法掌握满足客户需求的技巧，则会丧失顾客的肯定，最终在市场竞争中处于不利地位。

9. 250 定律——每个客户背后都有 250 个潜在客户

美国著名的汽车销售大王乔·吉拉德，在销售汽车的生涯中总结出著名的"250 定律"，即在每一位顾客的身后都有 250 个亲朋好友，在营销过程中只要赢得一位顾客的信任，就能赢得 250 人的信任；如果无意中得罪了一位顾客，可能会得罪他背后的 250 个人。因此，要想提高销量，关键就要善待身边的客户，因为每个客户身后都有一个巨大的群体，而这个群体都可能成为你的顾客。

在乔·吉拉德的推销生涯中，将 250 定律牢记于心，保证"服务至上"，时刻控制自己的情绪，不会怠慢任何一位顾客。因为他知道，赶走一个顾客，就等于赶走了 250 个顾客。

乔·吉拉德对这个定律进行过认真的研究和分析：假如每个星期能够

第七章
企业经营与客户管理

接待50名顾客,有两名顾客不满意你的服务态度,一年之后就会有2.5万人对你的服务和工作态度不满意。因此,不管在任何时候,都不能怠慢顾客。

面对顾客时,一定要多为他们着想,耐心对待他们关心的事情,跟顾客成为真正的朋友,而不是单纯地向他们销售你的产品。一旦得到顾客的信任,当他们需要产品时,最先想到的就是你;同时,他们还会将朋友介绍给你,你就能赢得更多的顾客。

乔·吉拉德认为,要想做好销售,需要依赖别人的帮助。在乔·吉拉德的销售生涯中,很多生意都是由老客户帮助完成的。乔·吉拉德的一句名言就是"买过我汽车的顾客都会帮我推销"。

每笔生意成交后,乔·吉拉德都会把一沓名片和商品说明书交给顾客,并告诉顾客,如果顾客介绍朋友来买车,成交之后,每辆车会支付25美元的酬劳。几天之后,乔·吉拉德会给顾客邮寄一张感谢卡和一沓名片,以后至少每年他会收到乔·吉拉德的一封附有商品计划的信件,提醒顾客乔·吉拉德的承诺仍然有效。如果发现顾客有一定的号召力和影响力,他就会更努力地促成交易,并设法让其成为介绍人。

销售是一个连续的过程,成交既是本次销售活动的结束,又是下次销售活动的开始。销售人员在成交之后要继续关心你的顾客,这样既会赢得老顾客的持续关注,又能吸引新顾客,使生意越做越大,客户越来越多。

"成交之后仍要继续推销",依赖这种观念,乔·吉拉德将成交看作推销的开始,成交后,他不会将顾客置于脑后,会给他们更多的关心,并恰当地表示出来。顾客感受到了乔·吉拉德的关爱,跟他建立起了良好的关系,他的销售越做越顺利,这也是乔·吉拉德为客户提供的独特的售后服务。

在商业竞争日趋激烈的今天,企业的生存和发展不仅依靠产品的过硬质量,还需要将产品的质量和服务紧密地结合在一起。如果企业的售后服务让顾客感到满意,他们不又会对你的产品满意,还会对你的企业也产生信赖心理,这样,他们就会重复购买你的产品,或者购买你企业内的其他产品;如果企业的售后服务不能令顾客满意,即使产品质量再好,也会使顾客产生不良情绪,不但自己不会再次购买,还会向身边的朋友抱怨,使那些没有用过你产品的人不去购买你的产品。

企业要想取得长久的生存发展,就应该尽快收集顾客的反馈信息,并尽可能地满足顾客的需求。真正地做到"顾客就是上帝",用真诚和服务打动顾客的心,是企业生存发展的根本所在。

我们都明白,金杯、银杯不如消费者的口碑,只要企业能够获得消费者好的口碑,便可以胜过任何的广告宣传,获得更多的客户和市场,从而在竞争中立于不败之地。

10. 福特法则——回头顾客金不换

英国信佳福特集团行政主管 L. 福特认为,能否将生意做成,主要依赖于顾客是否再上门。这就是著名的"福特法则"。因此,要想提高销量,就要重视回头客。

泰国的东方饭店每年都能吸引大量的回头客,原因何在?有这样一个例子:

杰克由于工作的关系经常要到泰国出差,第一次入住东方饭店就获得了良好的体验,第二次再入住时对饭店的好感更是快速提升。

那天早上,杰克走出房间到餐厅用餐,楼层服务员看到他,恭敬地问:"杰克先生,是要用早餐吗?"

杰克感到很奇怪,反问:"你怎么知道我的名字?"

服务员说:"我们饭店规定,服务员要背熟房间客人的名字。"

杰克深感意外,因为住过很多高级酒店,但这种情况还是第一次遇到。

杰克走进餐厅,服务员看到他,微笑着问:"杰克先生,坐老位子?"

杰克更觉得奇怪,自己上次来这里还是在去年,有一年多时间了,难

第七章
企业经营与客户管理

道这里的工作人员记忆力那么好？

看到他惊讶的表情，服务员主动解释说："我刚查过电脑记录，您去年5月9日在靠近第三个窗口的位子上用过早餐。"

杰克听后，兴奋地说："老位子！"

服务员接着问："老菜单，一个三明治，一杯咖啡，两个鸡蛋？"

杰克已经不再感到惊讶，表示赞同："对，老菜单！"

几天以后，杰克准备退房离店，前台服务员把单据打好放在信封里，交给他，说："谢谢您，杰克先生，真希望不久就能第三次见到您。"

从那以后，杰克每次到泰国，都会住在这家酒店。

在信息时代，客户通过网络等各种便捷的渠道就能获得更多更详细的产品和服务信息，使得客户比以前更加聪明、强大。客户的感情交流是企业维系客户关系的重要方式，日常拜访、节日问候等，都会感动客户。

一天，一个由32位台湾老人组成的旅游团来到某高星级饭店，要求尝一尝地道的家乡菜。可是，饭店管理者并不知道他们到底要吃哪儿的菜、喜欢什么口味、有什么特殊要求等。

于是，饭店经理一连打了十几个电话，终于了解到这批台湾老人入住的酒店。经过与酒店联系，通过传真要到了这些客人在这个城市所有用过餐的菜单，掌握了有价值的信息。

当服务员为客人送上一桌地道的宁波菜时，老人们欢呼起来。不一会儿，这些菜就被一扫而光。老人们非常满意，说这是他们到大陆后吃到的最香、最满意、最开心的一顿饭，并向饭店表示诚挚的感谢。

真正超值的服务并不是简单地满足顾客的要求，而是在满足他们要求的同时给他们意外的惊喜。台湾老人团要求吃家乡菜，估计很多人以为是台湾菜，但是饭店经理却通过了解调查发现他们是从宁波去台湾的，家乡自然就是宁波，所以才有了最后老人们的感谢。

现代营销学有一句非常通俗的话："营销不仅是让客人满意，更重要的是让客人感动。"只有这样，客人才会由"头回客"变为"回头客"。

交易的结束并不意味着客户关系的结束，与客户保持联系，才能确保他们的需求并持续满足下去。客户更愿意与他们类似的人交往，更希望与企业的关系超过简单的买卖关系，因此企业要快速和每个客户建立起良好的互动关系，为客户提供个性化服务，使客户在购买过程中获得产品以外的良好心理体验。

11. 凡勃伦效应——商品价格定得越高越有市场

我们常常会看到，市场上很多东西虽然价格非常贵，但依旧深受消费者的青睐。即便有的人薪资不高，却依然会购买贵的东西。而之所以选贵的买，也可以通过"凡勃伦效应"来解释。

美国经济学家凡勃伦提出：商品价格定得越高越能畅销。这一理论反映了人们进行挥霍性消费的心理愿望。商品价格定得越高，越能受到消费者的青睐，商品价格越高消费者反而越愿意购买。

一天，一位禅师为了启发门徒，给他一块石头，叫他去蔬菜市场，试着卖掉这块石头。这块石头很大，很美丽，但是师父说："不要卖掉，只是试着卖掉它。注意观察，多问一些人，然后告诉我在蔬菜市场能卖多少钱。"

门徒来到市场，许多人看着石头想：它可做很好的小摆件，孩子可以玩，可以把它当作称菜用的秤砣。人们给出价格，但只不过几个小硬币。

门徒回来，对师父说："最多只能卖几个硬币。"师父说："现在你去黄金市场，问问那儿的人，但是不要卖掉它。"从黄金市场回来，门徒很高兴，说："这些人太棒了，他们乐意出到1000块钱。"师父说："现在，你去珠宝市场那儿，低于50万不要卖。"

门徒去了珠宝商那儿，他简直不敢相信，人们竟然乐意出五万块钱。他不愿意卖，他们继续抬高价格——他们出到十万，有些人甚至愿意出20万、30万。最后，门徒以50万的价格把这块石头卖掉。门徒回来，师父说:"现在明白了吧,不要更高的价钱,就永远不会得到更高的价钱。"

在这个故事里,师父告诉徒弟的是关于人生价值实现的道理,但是门徒出售石头的过程中却反映出一个经营规律:凡勃伦效应。购买商品的时候,为了满足虚荣和攀比等心理,很多人都会购买价格高的商品,执着地追求高价商品。其之所以要购买某件商品,不仅是为了获得直接的物质满足,更是为了获得心理上的满足。

比如,手表的功能主要是看时间,不管是几十块的电子表,还是上万元的机械表都能准确地显示时间,似乎电子表还更准确一些,但为什么很多人依然会去买上万元的机械表?当然是为了获得心理上的满足。很多女人买个包、买双皮鞋、买件化妆品、做个头发和美容,原因也是为了体现自己的高品位。

如今,人们的收入不断增加,移动互联网的发展彻底改变了人们的消费习惯和场景,极力推崇品位和格调。消费升级的本质就是,人们更愿意购买能带来良好体验、能体现自己身份的商品。所以,企业要想获得高收益,就要生产和销售能深层次满足人们心理需求的商品。

依照"凡勃伦效应",进行产品设计、规划时,不仅要考虑产品功能、质量,还要尽可能地为消费者提供更高的炫耀值。

12. 奥美原则——服务第一,利润第二

奥美原则由美国奥美广告公司提出,主张"服务顾客至上,追求利润次之"。

在商业经营中,有一个重要的理念就是"顾客是上帝"。道理很简单,在市场经济条件下,只有顾客买你的账,你才能赚钱;只有做好客户服务才能搞好企业,达到预期的效益。

1955年,商业零售巨头沃尔玛还默默无名。到1979年,沃尔玛全年销售额首次达到十亿美元;1993年,它一周的销售额就达到了这个数;2001

年更是一天就予以完成。沃尔玛靠出售廉价的零售百货，在40年内"打遍天下无敌手"。沃尔玛的成功，得益于长期遵从的服务顾客战略，战略的核心就是：以薄利让顾客受益，以服务让顾客满意。

不管走进哪里的沃尔玛，都可以清晰地看到"天天低价"。为了实现低价，沃尔玛想尽了办法，其中一个重要的方法就是节约开支，绕开中间商，直接从工厂进货。统一订购的商品送到配送中心后，配送中心会根据各分店的需求对商品就地筛选、重新打包。这种做法为沃尔玛每年节省数百万美元的仓储费用，实现了薄利多销。更重要的是，还为顾客省了钱，带来了实惠。

沃尔玛还有一个引人注目的特点就是良好的服务。在引领公司飞速发展的30年中，沃尔玛都格外重视"可能的最佳服务"。为了实现这一点，沃尔玛编制了多套管理规则，他曾要求职员做出保证："当顾客走到距离你十英尺的范围内时，要温和地看着顾客的眼睛，向他打招呼并询问是否需要帮助。""十英尺态度"至今依然是沃尔玛职员奉为圭臬的守则。此外，"太阳下山"原则、"超越顾客的期望"等也是沃尔玛吸引顾客的制胜法宝。

公司一般都比较重视利润，其实更应该重视客户服务，因为通过客户服务从客户中可以得到更多的市场信息，为他们提供更好的产品和服务，从而为公司获得更多的利润，使公司占据更大的市场。由此可见，做好客户服务与提高公司的利润有着密切的关系。

与沃尔玛小有不同的是，美国另一家零售公司克罗格公司则追求一种与顾客的服务互动。

公司的前任总裁约瑟夫·霍尔认为：公司生产什么产品、增加哪些服务、使用什么销售手段等问题，最有发言权的就是顾客。于是，克罗格在所有现金出纳机旁都设了顾客投票箱，顾客只要有意见和建议，就可以直接投入箱中。同时，可以在票上留下自己的姓名和联系方式，一旦建议被公司采用，顾客就能免费享受到该种服务或商品，并收到各种消费折扣卡。

投票箱一设置，就受到了顾客的热烈欢迎。克罗格根据顾客的各种建

第七章
企业经营与客户管理

议,不断地改进自己的产品和服务,使自己的每项服务或产品一出炉就深受欢迎,公司的营业覆盖面也扩大到了美国的几个州。

以这一策略为基础,继任总裁詹姆斯·赫林还提出:"企业要想生存得更好,就要像满足情人的要求那样满足顾客!"秉承这一理念,克罗格公司取得了不错的成绩。

在刚推出新产品时,竞争的焦点是特色;当竞争者蜂拥而至,彼此的特色难以分辨时,竞争就转到价格和成本上。但在竞争过程中,高成本的企业退出后,幸存者彼此之间的价格与成本就会相差无几,竞争的领域就转到服务方面。若要获得竞争优势,服务就不能落后。

第八章 危机应对与管理

1. 青蛙效应——不要做温水里的青蛙

"青蛙效应"源自19世纪末,美国康奈尔大学做过的一次著名"青蛙试验":

工作人员将一只青蛙放在煮沸的大锅里,青蛙触电般地立即蹿了出去。后来,他们又把它放在一个装满凉水的大锅里,任其自由游动。用小火慢慢加热,青蛙虽然感觉到了外界温度的变化,但由于惰性,终究没有立即往外跳。等到后来热度难忍时,它却已经失去了逃生能力,只能被煮熟。

科学家经过分析认为,青蛙第一次之所以能快速逃离险境,是因为它受到了沸水的剧烈刺激,便使出全部力量跳了出来;第二次没有明显感觉到刺激,失去了警惕,没有了危机意识,当感觉到危机时,已经无力从水里逃离了。

"青蛙效应"告诉人们:企业竞争环境的改变大多是渐热式的,如果管理者与员工对环境的变化没有疼痛之感,最后就会像这只青蛙一样,被煮熟、淘汰,而不自知。

只关注眼前的既得利益,沉浸在过去的胜利和美好愿望中,忽视了身边的危机,看不到失败的一步步逼近,最后只能像青蛙一样在安逸中慢慢死去。要想获得发展,企业就要具有危机意识,要居安思危,提高警惕,

第八章
危机应对与管理

促使成员不断加快步伐，不断超越自己。

华为总裁任正非是一位具有忧患意识的企业家，他的一句名言鼓励了很多年轻人——"惶者生存"。他说："十多年来，每天我都在思考失败的问题，对成功视而不见，没有荣誉感、自豪感，只有危机感。也许，正是因为如此，我才存活了十年。大家要认真想想，怎样才能活下去，如何才能存活得久一些。我坚信，失败早晚会到来，要准备迎接，这是历史规律。"

在华为几十年的发展中，任正非分别在2000年、2004年、2008年和2012年四次拉响了危机警报；同时，要求高管都要牢固树立危机意识，不骄不躁。

2000年，华为销售收入达152亿元，以29亿元的利润位居全国电子百强首位，而任正非却大谈危机和失败，并发出了"冬天"的警报。2012年上半年，华为的销售收入超过爱立信，成为全球最大的电信设备制造商。但是任正非认为华为并没有成功，他感觉到华为将面临更大的危机，甚至是死亡的危险！

"生于忧患，死于安乐"，为了增强企业发展能力，企业家就要增强危机意识。

是否具有危机意识，决定了企业应对环境变化的反应能力。沉浸在过去的成就中不出来，忽视竞争环境的变化，只能渐渐失去危机意识。缺乏危机意识，企业就会失去变革的意愿，生产能力就会越来越差，提高核心竞争力的动力就会不足，就可能在激烈的竞争中惨遭挫败。

事实证明，在世界500强中长期站住脚的企业，通常都会对危机意识有着另一种深刻的认识，即使在企业发展顺利时，依然保持着一定的危机意识：

在德国奔驰公司首席执行官埃沙德·路透的办公室里，挂着一幅巨大的恐龙照片，照片下面写着这样一句警示语："在地球上消失掉、无法适应变化的庞然大物，比比皆是！"

美国英特尔公司原总裁安德鲁·葛洛夫有句名言叫"惧者生存"。他认为,自己在位时之所以能取得辉煌业绩,主要在于"惧者生存"。

通用电气公司前首席执行官杰克·韦尔奇说:"我们公司虽然了不起,但如果无法适应时代的变化,就会走向死亡。什么时候能达到最佳模式?永远不会!"

百事可乐公司的负责人韦瑟鲁普在公司蒸蒸日上时,提出了"末日管理"理论,以大量令人信服的信息让员工体会到危机真会来临,"末日"似乎不远,激发员工不断积极向上的斗志。百事可乐快速追赶并超过可口可乐的业绩充分说明了"末日理论"的实用性。

美国哈佛大学调查显示:在世界500强企业中,每过十年超过1/3的企业就从这个名单中消失,或关门,或破产。这些企业之所以会如此,主要原因就在于,企业高度发展的时候就是衰落的开始;面对辉煌的成绩,人们更容易忽视危机,忘记产品开发及经营管理的超前性。

长期处于安逸的环境中,人们就受到周围环境的迷惑,继而变得消沉、放纵和堕落。这个结果的发生会经历一个过程,是缓慢进行的,会让企业在不知不觉中完成,待明白过来的时候,多数为时已晚。

煮蛙效应道出了量变到质变的原理:对渐变的适应性和习惯性,会让人们失去戒备而招致灾难。突然出现的敌人,会带来出乎意料的防御效果;对安逸环境心理懈怠,才是最杀人于无形的。

2. 蓝斯登原则——企业迅猛发展时要警惕

蓝斯登原则的提出者是美国管理学家蓝斯登,他认为:在你往上爬时,一定要保持梯子的整洁,否则下来时就可能滑倒。这就告诉我们,只有提高警惕,才不会让自己陷入被动甚至发生危险。

刘元卿是明朝的伟大作家,《猱》是他写的一篇短文,其中记述了这样一个故事:

第八章
危机应对与管理

獴是一种体形很小的动物，但它的爪子却非常锋利。一天，老虎头皮发痒，就让獴帮它搔痒。獴爬上老虎的后背，伸出自己的爪子，搔得老虎飘飘欲仙。獴不住地搔着，渐渐地在老虎头上挖出了一个小洞。老虎沉浸在舒服状态中，对周围的一切毫无察觉，最终被獴吃掉了脑髓。

故事中，森林之王老虎之所以会被小小的獴吃掉，主要是因为它缺少忧患意识，忽视了周围危险的存在。其实，只要提高警惕，只要在感到不对劲的时候多加注意，完全可以将最终结果扭转。危险，就在细微的小事中！

在市场的高速发展期，只要站在风口，很容易取得成功。可是，一旦市场遭遇危机，陷入低迷状态，考验的就是企业的综合能力和应变能力了。须知，对于企业来说，任何危机都不是随机出现的，任何大危机都是从小问题开始的，要想防患于未然，就要居安思危。

在这个快鱼吃慢鱼的时代，速度决定成败。企业的快速发展可能得益于外部利好的市场环境，但企业的持续快速发展必须依赖于企业的危机意识。要想让企业发展得更加顺利，领导者就要具备强烈的危机意识，同时把危机管理工作做到危机实际到来之前，并为企业应对危机做好组织、人员、措施、经费上的准备。

1994年初，巨人大厦开始筹建，计划三年完工。可是，史玉柱一心想做大事，每位领导人来考察一次，他就将大厦升高十层，最后居然要建高达78层的中国第一高楼。欲望的不断膨胀，造成了最后的崩盘。本来预计建造38层，结果一直加码到78层，地基大坑一再加深，投入的资金越来越多，这样一个无底洞，给巨人集团带来了不可承受的重负。最后，资金链断裂，供货商贷款还不上，史玉柱陷入了无休止的官司中。

巨人大厦，本来是一个好项目，当时很多人都非常看好它，为什么最终却成了烂尾工程？一个重要的原因就是史玉柱思维大跃进，忽视了高速发展中隐藏的风险和危机。如果当时完全按照最初的计划来建造巨人大厦，不肆意加层，结果可能就会大大不同。可是，世界上毕竟没有太多的"如果"，在为巨人大厦感到可惜的时候，我们更应该从中警醒：企业发展迅猛固然好，但一定不要忽视了其中的危险。

在这个浮躁的时代，企业都充满了激情，都在追求"快"！业务快速扩张、规模急速膨胀，有些企业甚至犹如搭上了火箭，发展速度之快让人惊叹。可是，企业运营并不是规模和速度的简单结合，还需科学的管理系统和运营模式；否则，企业只能"头痛医头，脚痛医脚"，一旦资金链出现断裂，或者某一环节出现问题，企业就会陷入被动的泥潭。

企业的利润来自两个方面：一是外部，即依靠经营和拓展市场得到的利润，也就是我们常说的"开源"；一是内部，即依靠管理节约运行成本和提高效率得到的利润，也就是我们常说的"节流"。企业要发展，需要内外有效运转、密切配合。

如果说企业是一辆连续运转的汽车，那么这些因素就是企业运转的车轮。不管是一个轮子无法有效运转，还是两个轮子不紧密配合，都会严重影响企业的正常发展；企业发展太快、管理跟不上、资金跟不上、人员跟不上……都会让企业机体面临一个个危机，比如三株、巨人、爱多等名噪一时的企业之所以会在高速发展时走了下坡路，就是因为缺少了警惕心。

3. 富翁和狼——陷阱往往会伪装成机会

前美国总统约翰·肯尼迪说，"危机"在中文中由两个字构成：一个是危险，一个是机会。从根本上讲，危机是不可能提前做好准备的。很多人问我"该如何应对危机"，我只能回答：我不认为危机是可以用有准备的概念来理解的，危机来临时，更重要的是正确认识危机。如何处理危机根植于企业的价值体系和我们的价值判断中，危机既会给人们带来危险，也会给人们带来机会。

杰克·唐纳是一家大型跨国公司的老板，他这一生，除了做生意，最大的爱好就是到世界各地的原始森林探险和狩猎。这种体验不仅让他备感

第八章
危机应对与管理

刺激，还让他在远离人类的丛林里找到了原始的神奇与智慧。

一次，杰克决定冒一次更大的险，于是独自去了广袤的非洲大陆。一踏上非洲的土地，他就想到原始森林狩猎。

杰克和他的向导在原始森林里狩猎，几个星期过后依然毫无收获，最后他看到一匹狼。他们将这匹狼追赶到一个近似于丁字形的岔道上，前面是迎面而来的向导，后面是端着猎枪的他。狼被夹在中间，本来可以从岔道逃掉，但它却迎着向导的枪口扑了过去。最后，狼臀部中弹，被成功捕获。

本来可以从岔道逃走，为何要向前扑去？富翁感到迷惑不解，向导解释说："埃托沙的狼都很聪明，它们跟猎人多次周旋明白了一个道理：只要夺路成功，就能生存下来；岔道上通常都设有陷阱，跑过去，必死无疑。"杰克·唐纳听了向导的话，感到异常震惊。

向导走到躺在地上的狼身边，想剥下狼皮，杰克伸手制止了他，问："你觉得这匹狼死了？"向导说："不，它还活着。"

杰克想救活这匹狼，便打开随身携带的通信设备，让停泊在营地的直升机立即来接他们。直升机将重伤的狼送到500千米外的一家医院，杰克却坐在草地上陷入了沉思。在众多的狩猎经历中，他第一次受到如此大的触动。过去，他捕获过斑马、野牛、羚羊、猎狗、狮子，大多都被他吃进了肚子，然而他却想让这匹狼继续活着，因为这匹狼让他明白了一个道理：在竞争激烈的社会里，看似充满机会的地方却埋伏着真正的陷阱。

那匹狼得到及时救治，活了下来，一直都生活在纳米比亚埃托沙禁猎公园里，杰克·唐纳为它提供所有的生活费用。

在这个竞争激烈的社会里，真正的陷阱往往被伪装成了机会，而真正的机会看上去又往往让人怀疑它是"猎人"布下的陷阱，只有懂得竞争规律的人，才能用自己的知识和智慧来识破其中的玄机。

2013年，"地产大王"王健林凭着1350亿的财富登上了胡润百富榜，且四年连续三次登顶大陆地产富豪榜。他认为，富贵险中求，机会是闯出来的。

　　从事超过自己能力范围的事充满了风险，不会骑自行车的人骑自行车有风险，不会开车的人去开车就是高风险，即使是会开飞机的人去开飞机，依然存在风险，更不用说不会开飞机的人了，结果必然会机毁人亡。

　　危机和机遇是一对孪生兄弟，危机让市场富有变化，而变化正是增长的机遇。机会是闯出来的，更需要审时度势，把握分寸，做跟自己能力相配的事情，如此才能减少额外的风险。

4. 破窗效应——破了的窗户要及时修

　　破窗效应是犯罪学的一个理论，由詹姆士·威尔逊和杰克·凯林提出。
　　1969年美国斯坦福大学心理学家菲利普·津巴多进行了一项实验：
　　工作人员找来两辆样式一样的汽车，一辆停在加州帕洛阿尔托的中产阶级社区，一辆停在混乱的纽约布朗克斯区。他将停在布朗克斯的那辆车的车牌摘掉，打开顶棚，结果当天晚上车就被偷走了；而放在帕洛阿尔托的那一辆，一个星期过去了，都没有被"问津"。后来，工作人员用锤子给那辆车的玻璃上敲了个大洞，结果几个小时该车就不见了踪影。

　　在这项实验的基础上，政治学家威尔逊和犯罪学家凯林提出了著名的"破窗效应"，认为：如果有人打坏了一幢建筑物的窗户玻璃，而这扇窗户又得不到及时维修，别人就可能受到某些示范性的纵容去打烂更多的窗户。时间长了，这些破窗户就会给人造成一种无序的感觉，最终在公众麻木不仁的氛围中，滋生犯罪。这就提示我们，如果窗户破了，就要及时维修，否则后患无穷。

　　有家企业规定，上班时间必须佩戴工牌，不戴工牌，每次罚款20元。开始时，一两个员工没有照做，管理层没有重视，没有严格执行该项规定。一个月后，不戴工牌的员工人数几乎占到了全体成员的一半。由于员工不重视企业规定，管理层一再纵容，结果严重影响了公司士气和员工的精神

第八章
危机应对与管理

面貌。

及时修好第一扇被打破的玻璃，就能将处于萌芽状态的"破窗现象"成功阻止。事实证明，能够成功处理危机的企业多半都能在第一时间向公众表明自己的态度，控制危机的升级和发展；推三阻四，沉默寡言，只能让事态不断扩大，产生恶劣结果。

危机爆发后，企业就要立刻行动，在第一时间快速做出反应，防止不利情势的蔓延，降低危机对企业造成的伤害。当年，中美史克遭遇"PPA风波"，之所以能创造出"产品不存，品牌依旧"的奇迹，就是因为他们在危急时刻主动承担起了责任。

2000年11月15日，国家药品监督管理局发布了《关于暂停使用和销售含苯丙醇胺的药品制剂的通知》。根据通知，国内15种含有苯丙醇胺（PPA）的感冒药被停止使用和销售，中美史克旗下的康泰克不幸被绑上了媒体的第一审判台。

可是，中美史克没有慌乱手脚，而是在第二天就通过媒体刊发了给消费者的公开信，表示坚决执行政府法令，暂停生产和销售康泰克，并公开承诺："为切实保障人民群众的用药健康，我公司愿意全力配合国家药政部门的有关后续工作。"主动承担起了责任。

17日中午，中美史克在员工大会上通报了整个事件的情况，表示公司不会裁员，稳定了员工的心。

20日，中美史克在北京人民大会堂召开新闻发布会，表示全部回收市场上的康泰克，同时也通过媒体传达了这样的观点：在中国销售康泰克的十多年中，还没出现过能引起脑中风的副反应报告；对于媒体的不实报道，不驳斥，只解释；对于落井下石的竞争者，决不还击……这种姿态，赢得了媒体的一致认同和理解。

21日，中美史克开通了15条消费者热线，接线员耐心地解答公众的各种提问。

不久之后，中美史克将价值一亿多元的商品成功销毁。

这一系列举措，树立了中美史克勇于承担社会责任的良好形象，赢得了公众和媒体的同情和信任，为日后重整旗鼓奠定了基础。

2001年9月，中美史克推出了不含PPA的新康泰克。其在"PPA危机"中的良好表现，赢得了媒体和消费者的广泛支持，上市第一天华南市场就创造了高达37万盒（每盒10粒装）的订单。新康泰克在感冒药市场迅速崛起，成为举足轻重的领导品牌之一。

危机是企业经营的天然组成部分，不可预测性是商业经营的本性。每个敏感的事件都是不同的，每家公司都有独特的性质、产品和结构，不可能出现适合所有危机的处理方法。即使如此，在应对和处理紧急事件时，依然有个永恒不变的法则——有效预防危机的发生，危机发生后快速做出反应。

成功企业为了有效处理危机事件，通常都会遵循以下原则：

一旦发现了问题，就毫不犹豫地正视它；

感到情况不妙，就进行彻底大检查，找到危机爆发的原因；

发现危机来临，立刻通过传播媒体，向社会各界通报；

危机降临，集中所有部门的意志和力量去应对。

在这方面做得好的案例不胜枚举。

5. 弗洛姆效应——想象中的危险并不能击败你

美国著名的心理学家弗洛姆提出了著名的"弗洛姆效应"，他认为：很多危险都是人们想象出来的，不用在乎，更不要被其吓倒。

弗洛姆是美国著名的心理学家，一天，几个学生向他请教："心态对一个人会产生什么样的影响？"他微微一笑，什么也不说，把他们带到一间黑暗的神秘房子里。

弗洛姆引导学生穿过这间房间，打开房间里的一盏灯。在昏黄的灯光下，学生看清楚了房间的布置，不禁吓出了一身冷汗。原来，地面是一个

第八章
危机应对与管理

又深又大的水池,池子里有一条大蟒蛇和三条眼镜蛇,毒蛇纷纷高昂着头,咝咝地吐着芯子;水池上面有一座桥,刚才他们就是从这座桥上通过的。

弗洛姆看着他们,问:"现在,你们还愿意再次走过这座桥吗?"大家你看看我,我看看你,都不作声。过了片刻,三个学生犹犹豫豫地站了出来,可是一踏上去就战战兢兢,如临大敌。

弗洛姆又打开房内几盏灯,学生揉揉眼睛仔细看,发现在小木桥的下方安装着一道安全网。弗洛姆大声问:"现在有谁愿意通过这座小桥?"学生们都不敢上前。

"看到了安全网,为什么反而不敢过了?"弗洛姆问道。

"这张安全网的质量可靠吗?"学生心有余悸地反问。

弗洛姆笑了:"这座桥本来不难走,但桥下的毒蛇却会对人们的心理造成巨大的威慑,如此人们就会乱了方寸、慌了手脚,变得怯懦胆小。其实,那些蛇的毒腺早已除掉了。"

面对企业危机,同样如此!面对各种危机时,之所以失败有时并不是势单力薄,不是智能低下,不是没有把整个局势分析透彻,而是因为把危机看得太清楚、分析得太透彻、考虑得太详尽,吓到了自己。

通过危机管理的独木桥时,只有忘记背景、忽略险恶,将注意力集中在脚下之路上,才能更快地到达目的地。大环境不容易发生改变,能改变的唯有企业对危机的认知和态度,只有增强心理抗压能力,才能在危机中争取主动,赢得成功。

2004年12月27日,卫生部对媒体通报当年食用植物油国家卫生监督抽检情况时说,在抽检的574份植物油中,52份未达卫生标准,金龙鱼、福临门、金象等知名品牌也在"黑名单"之列。一天后,全国各地很多超市按照卫生部的要求,撤下了被通报的不合格食用油。

对于这场企业危机,同是名牌产品,几家食用油生产商却采取了完全不同的应对办法。

金龙鱼在卫生部发布公告后立即表示,公司已经查明了"被卫生部抽检判定酸价超标"的产品去向，本着对消费者负责的态度，在没有查清事情的具体原因之前，决定先收回尚留存于渠道、卖场等零售点和被消费者购买的被抽检批次产品。同时，金龙鱼还启动了危机应对机制，将不达标的88瓶油再次送往卫生部有关机构进行检测。

而有家不达标的食用油生产商不仅不配合检测工作，甚至威胁说，将对卫生部的检测行为和公告行为提起诉讼。

两家处理方式不一样，结果自然也就完全不同。金龙鱼油的聪明之处，就在于冷静应对。

企业一定要记住：处理公共危机，最重要的目标就是维护和树立自己在客户心中的良好形象。在某些特定时候，即使在法庭上赢了，也会在市场上彻底输掉。企业处理公共危机，要冷静应对，不能轻易把事情闹得很大，否则，很可能会失掉整个市场，毁掉整个品牌。

6. 微软破产论——离破产只有18个月

微软破产论认为，离破产永远只有18个月。比尔·盖茨告诫员工：公司离破产永远只有18个月。

正是在这一名言的激励下，微软怀着巨大的危机感，不断积极进取，短短20年就发展成为世界最大的软件企业；正是这种企业文化，让微软每时每刻都努力朝前发展；正是这种文化，让每个微软员工都辛勤努力地工作着，不论是总裁还是普通员工，都坚持着"微软离破产永远只有18个月"的危机文化，努力实现一个又一个目标。如今，微软的操作系统占有90%以上的市场，成为绝对的垄断者。

这就是微软企业文化的强大力量。

为什么要树立危机意识？答案很简单，因为"生于忧患，死于安乐"。长期生活在安逸的环境里，老板整天想的就是打高尔夫，管理者整天想的就是应酬，员工则会做一天和尚敲一天钟，时间长了，企业不仅会萎靡不

第八章
危机应对与管理

振、失掉竞争力,连生存也会成为问题。经营企业如同逆水行舟,一旦没有了危机意识,不思进取,眼前的顺境也很快会变成困局。

危机感是企业赢得竞争力、实现长远发展的重要保证,发现企业内部弥散着"无所谓"或盲目乐观的论调时,就要痛下猛药,唤起员工的危机意识。海尔集团的首席执行官张瑞敏就是这样一位有远见的企业家。

从20世纪80年代中期到90年代初,国内遭遇了供应短缺的考验,电冰箱凭票供应,即使是次品,也被人们抢购一空。很多家电企业都觉得自己赶上了赚钱的好机会,拼命进口散件,组装起来上市变卖现钱。在这种风气的影响下,家电行业到处都弥漫着"差不多""无所谓"的风气。

看到员工都没有质量观念,海尔厂长张瑞敏想找一个契机,增强员工的危机意识。

1985年,一位用户来信反映,近期工厂生产的冰箱有质量问题。张瑞敏突击检查了仓库,发现库存中还有76台不合格的冰箱。张瑞敏将部门人员集合到一起,拿出一把重磅大锤,由事故责任人当着众人的面,将76台冰箱全部砸毁。

企业缺乏危机意识,到处弥漫着一种"无所谓"的文化,管理者就得像张瑞敏那样举起"大锤",痛下决心。

员工是企业竞争力的关键,危机感可以激发出员工的责任心和敬业态度。具有忧患意识的员工,会时刻将公司的兴亡同自己联系起来,即使企业发展不错,其他员工都安于现状,他们也能保持清醒的头脑,能够在工作中多一些忧患意识。

詹森是诺基亚数万名优秀员工中普通的一员,正是因为具备忧患意识和责任感,才创造了诺基亚全球行动通信产业第一品牌的辉煌。

一天,在地铁里詹森惊奇地发现:时尚男女都配着手机、一次性相机和袖珍播放器。詹森突发奇想:能否将三种时髦的东西组合在一起?如果能,不是变得既轻便又快捷吗?

第二天,詹森找到主管说:"在手机上装个摄像头,人们听音乐的同时，还能将看到的美好事物都拍下来，再发送给亲友，该是多么激动人心的事啊！"主管被这个创意惊喜得高声叫道："詹森，我们立刻就按你的想法着手研制！"

在詹森的带领下，这种具有拍摄和播放音乐功能的手机很快研制成功，一推向市场，就受到了人们的青睐。詹森不但实现了自身价值，还得到了不菲的奖赏；更重要的是，在实现目标的过程中，詹森感受到了前所未有的快乐。

企业兴亡，员工有责！缺乏责任感和敬业精神，就是因为缺乏危机意识，没有意识到自己在企业发展中的使命。领导者和管理者要做的就是唤起员工的危机意识，激发出员工内心的责任心和使命感，这些都是决定企业竞争力和发展的关键因素。

7. 史华兹论断——坏事有可能是成功机遇

所有的坏事情，只有在我们认为它很糟糕的情况下，才会真正成为不幸事件。这就是著名的史华兹论断，由美国管理心理学家 D. 史华兹提出。面对危机，自暴自弃，只能让它成为不可逆转的事实。能否将它变成促使企业重新奋发的动力，取决于人们的主观努力。能从坏中看到好的地方，能将坏事变成好事，企业的发展也会有一番新天地。

老鹰的寿命和人类差不多，可以活到六七十岁，但是老鹰的生命历程却比人类曲折很多。

三十多岁时是老鹰生命的最旺盛时期，但是它的优势又是影响它生存的危机因素：翅膀又长又阔，展开约有三米，是一种累赘；羽毛又厚又多，但太沉重，无法使它扶摇直上；喙又硬又重，影响它的捕食；鹰爪又弯又尖，影响它撕裂食物。如此，再这样继续下去，老鹰最终会因为羽毛过于沉重而不能飞翔，因为鹰爪又弯又尖而无法捕猎，因为喙又硬又重而无法进食。

第八章
危机应对与管理

为了生存，老鹰不得不忍受炼狱般的磨砺：它必须飞到山顶的最高峰，在最高处给自己垒一个简陋的窝，避免天敌的袭击；在山顶的岩石上，要将又硬又重的喙摔碎，之后耐心等待，直到新喙长出，再用新喙将自己又弯又尖的鹰爪拔掉；等到新鹰爪长出，还要用新鹰爪将羽毛一根一根拔掉，等待新的、轻盈的羽毛长出……

这段炼狱般生活大概要经历150天，之后老鹰就会长出新喙、新爪、新羽，更加年轻、敏捷、有力、凶猛，获得重生。

由此可见，风险因素确实可以转化为企业发展的动力。风险越大，收益可能就越高，惧怕挫折、困难、失败和危机，只能让企业痛失发展的良机。面临困难和其他不利局面时，可以采取置之死地而后生的方法来激励员工，并告诉他们：危机中也孕育着机会。

曾经为了争夺日本"全日空"的一笔大生意，美国波音公司和欧洲空中客车公司争斗不止。双方都想尽了办法，可是，技术指标和报价基本上都差不多，"全日空"犹豫不决。

这时，世界上发生了三起波音客机的空难事件，各种指责纷纷向波音公司汇集而来。波音公司蒙受了奇耻大辱，产品质量也受到了人们的质疑，为生意的争夺敲响了丧钟。许多人都认为，波音公司这次输定了。但波音董事长威尔逊却没被这一系列事件击倒，而是立刻向全体员工发出了动员令，号召全体员工一齐行动，采取紧急应对措施，力闯难关。

首先，威尔逊增加了优惠条件，答应为全日空航空公司提供财务和配件供应等方面的便利，同时低价提供飞机的保养和机组人员培训；其次，针对空中客车飞机的问题，跟日本人提出愿意和他们合作制造较A3型飞机更先进的767型机的新建议……由于外围战打得异常漂亮，波音获得了日本企业界的普遍好感。

经过不懈地努力，波音终于战胜了对手，与"全日空"签订了高达十亿美元的成交合同。波音公司不仅顺利渡过了难关，还为自己开拓了日本市场，打了一场漂亮的翻身仗。

出现危机并不可怕，可怕的是被危机冲昏了头脑而自暴自弃。对企业来说，危机的出现不一定就是坏事，有时反而会成为企业发展的契机。企业只要树立忧患意识，并在危机来临时快速做出反应，就能反败为胜。

当今社会，竞争激烈，危机重重，企业要对自己充满信心，勇于面对。危机不一定就是坏事，有可能是企业实现再次重生和腾飞的好时机。危机是企业换血、修枝的最佳期，是对团队进行检阅、重新整合和洗牌的机会，只有抓住这个机遇，合理应对，企业才能获得重生，才能更有生命力、更加强大。

8. 里杰斯特论断——坦然面对企业危机

英国危机公关专家里杰斯特在《危机管理》一书中提出了著名的3T原则，即：

Tell You Own Tale（以我为主提供情况）：组织要牢牢掌握信息发布主动权；

Tell It Fast（尽快提供情况）：危机处理时组织应尽快不断地发布信息；

Tell It All（提供全部情况）：信息发布要全面、真实，必须实言相告。

这就告诉我们，企业在生产经营过程中，总会遇到无法避免的危机公关，只有坦然面对，正确处理，方能扭转局面。

1982年，美国芝加哥地区有人服用含氰化物的泰诺药片中毒死亡，开始时只死了三人，后来全美死亡人数高达250人。影响迅速扩散到全国各地，94%的消费者都知道了泰诺中毒事件。

事件发生后，在首席执行官吉姆·博克的领导下，强生果断采取了一系列措施。首先，抽调大批人员对所有药片进行检验。公司各部门对800万片药剂进行了联合调查，结果只有一批药出现了问题，总计不超过75片，全部在芝加哥地区，不会对其他地区造成丝毫影响，最终的死亡人数也确定为七人。

第八章
危机应对与管理

强生按照公司最高危机方案原则,即"在遇到危机时,公司应首先考虑公众和消费者利益",花巨资在最短时间内向各大药店收回了所有的这种药,并花50万美元向有关的医生、医院和经销商发出警报。

强生之所以取得危机处理的成功,关键是因为其制定了"做最坏打算的危机管理"方案:首先考虑公众和消费者利益。结果,最终拯救了强生公司的信誉。

强生处理这一危机的做法成功地向公众传达了企业的社会责任感,受到了消费者的欢迎和认可,强生还因此获得了美国公关协会颁发的银钻奖。原本一场"灭顶之灾"竟然奇迹般地为强生带来了更高的声誉,这要归功于强生在危机管理中的坦然面对。

9. 戴伯尔法则——应对危机,可以"独裁"

戴伯尔法则的提出者是英国戴伯尔公司总裁 I. 戴伯尔。他认为,民主是现代管理的潮流,但是若事事要求民主,效果反而不好。应对企业危机,可以适当"独裁"。

传说,南海大王叫"候",北海王叫"忽",中央的帝王叫"混沌"。候与忽经常到混沌的国土做客,混沌都会拿出丰盛美食招待他们。为了报答混沌的热情款待,候与忽决定为混沌凿出七窍,大家一起来享受美味佳肴,倾听优美的音乐,感受自然的美妙景色等。

混沌觉得这个主意不错,可是又担心对自己造成伤害。为了得到最终的决定,候提议民主表决,结果2:1通过。之后,候挥动起了锤和凿。可是,没有想到,凿完七窍后,混沌早已断气身亡。

少数服从多数,在责任不明确的状态下,民主的漏洞足以破坏掉决策的价值,严重者还会伤害到团队赖以生存的基础;认为多数就是正确的,还容易让民主流于形式。这就告诉我们,应对企业危机,一定要综合考虑各方面因素,要正确处理发言人的意见。

危机发生后，企业要明确谁来说、如何说，要确定一个发言人，统一口径、统一行动，以一个声音对外说话；多个声音、多种口径，很容易让局面失控，甚至自相矛盾，加重公众心里的疑问，使问题复杂化。

在危机发生的第一时间，企业应迅速启动应急预案，成立危机管理小组，统一出口，这个出口就是新闻发言人。一定要告诉员工：任何人，没有经过企业领导或危机管理小组的授权，都不能擅自发言，不能随意发出自己的声音。

如果员工在媒体的诱导下回答问题，而员工却缺少发言的能力与技巧，发言的内容就可能与正式发言人的内容不一致。因此，危机管理小组要对普通员工进行培训，告诉他们在各种情境下应对的方法与技巧，比如被记者激怒，怎么办？如何避免冲动回答？如何应对暗访记者？如何回答记者提出的问题……同时，企业还要保证信息的一致性。如果提供的信息前后矛盾，媒体与公众就会对企业减少信任。

危机爆发后，外部责难与流言四起，企业内部就会人心惶惶、秩序混乱，领导者的言行会直接影响危机处理的成败。领导者要在第一时间主动承担起责任，真诚地将实情告诉员工，对公众多一些责任心，统一宣传口径，消除外部猜疑。

需要注意的是，不要使用强制手段统一内部员工对外口径，要及时解决员工内心的根本性问题，使员工和企业同心同德，一起应对危机。

10. 蝴蝶效应——忽略小的细节可酿成极大的错误

1963年美国气象学家爱德华·罗伦兹在一篇提交给纽约科学院的论文中分析了"蝴蝶效应"："如果这个理论被证明正确，一只海鸥扇动翅膀足以改变天气变化。"在之后的演讲和论文中，他用极富诗意的蝴蝶，对此效应做出了阐述：

在南美洲亚马孙河流域热带雨林中生活的蝴蝶，偶尔扇动几下翅膀，

第八章
危机应对与管理

两个星期后，就可以在美国得克萨斯州引发一场龙卷风。原因就在于，蝴蝶扇动翅膀后，身边的空气系统会发生变化，并产生微弱的气流；在微弱气流的影响下，周围空气或其他系统就会产生相应的变化，继而引发连锁反应，导致其他系统发生巨大变化。

这就告诉我们，在危机管理中，忽视小细节，很可能造成巨大的损失，只有未雨绸缪，才能防患于未然，才能远离危机，才能在危机中寻找到转机。

1935年，索尼公司试制成功了第一代晶体管收音机。这种收音机体积虽小，但性能却大大提高了，而且也非常实用。考虑到日本是个资源小国，市场容量不大，所以产品只有出口才能有所作为。

盛田昭夫把新产品首攻地选在美国大市场，展开了多项推销工作，美国订单逐渐增多。让人大为惊喜的是，有个客商居然一次订购了十万台晶体管收音机。这笔订单足以让索尼维持好几年的正常生产，全体员工都欢欣鼓舞，为了尽快签订合同，员工们都想给这位客商更多的优惠。可是，总部却宣布了最终的决定：订货5000台者，按原定价格；订货一万台者，价格最低；订货超过一万台者，价格逐渐升高……按照这个决议，谁还会订购十万台？

总部为什么会做出这样的决定？因为当时索尼的年产量远不到十万台。要想接受这批订货，就要扩大生产规模。可是，如果扩大了生产规模，却缺少大批量订单，只能让公司破产。

通常，在销售领域都是订货越多，单价越低。可是，就公司长远发展而言，盲目投资、盲目扩大生产规模，必然会造成生产不稳定，甚至还会为企业埋下倒闭的后患。索尼制定了这样的价格"曲线"，可以引导订户接受对双方都有利的一万台订货数量。

由此可见，要想把公司做大做强，必须建立危机意识。若是没有危机意识，就难以控制公司的发展，企业家必须在心中拥有一种危机感。

虽然说任何企业都可能遇到危机，但是这并非说危机不可预防。而事实上，几乎所有的危机都可以通过预防来化解。

一般说来，危机事件的发生多半与企业自身的行为错误有关，或违反法令，或不解民情，或管理失当，或因为产品、服务缺陷。因此，企业要通过有效的预防，减少甚至杜绝危机事件的发生。

11. 多米诺效应——推倒一张骨牌，所有骨牌都会倒下

在一个相互联系的系统中，一个很小的初始能量都可能产生一系列连锁反应，人们把这种现象称为"多米诺骨牌效应"或"多米诺效应"。有这样一个故事：

楚国有个边境城邑叫卑梁，与吴国相邻，因为地处边境，两国百姓经常发生冲突。

一次，楚国姑娘和吴国姑娘都在边境上采桑叶，吴国姑娘不小心踩伤了卑梁姑娘。冲动之下，卑梁人带着受伤的姑娘去责备吴国人，冲动气愤之下，杀死了吴国人。

矛盾逐渐升级，吴国人去卑梁报仇，二话不说就杀了那个卑梁人全家。卑梁的守邑大夫非常生气，看到吴国人居然敢攻打自己的城邑，就带领军队反击吴人，杀掉了吴国老幼。

吴王夷昧听到这件事后更是义愤填膺，派人领兵侵入楚国的边境城邑，攻占了夷。之后，吴国和楚国发生了大规模战争，进入长期战备状态。

吴国公子光率领军队和楚国人交战，打败了楚军，俘获了楚军的主帅潘子臣、小帷子和陈国大夫夏啮。接着，又攻打了郢都，俘虏了楚平王的夫人。

从踩伤脚，一直到两国爆发大规模战争，直到吴军攻入郢都，中间一系列的演变过程，犹如有一种无形的力量把事件一步步推入不可收拾的境地。这种现象，就是多米诺骨牌效应。

这种效应的物理原理是：骨牌竖着时，重心较高，倒下时重心下降，

第八章
危机应对与管理

重力势能会转化成动能,倒在第二张牌上,动能转移到第二张牌上;之后,第二张牌会将第一张牌转移来的动能和自己本身具有的动能之和再传到第三张牌上……每张牌倒下时,动能都比前一块牌大,速度一个比一个快,推倒的能量一个比一个大。多米诺骨牌效应告诉我们,牵一发而动全身。

2013年8月2日,新西兰恒天然公司宣称其生产的浓缩乳清蛋白粉检出肉毒杆菌,中国的多美滋是进口其产品的企业之一。8月3日,虽然无法证明产品已经被污染,多美滋本着对消费者安全的高度重视及对产品安全问题零容忍的态度,迅速启动了预防性召回。同时,在第一时间内通过企业官方微博和相关渠道,向公众做出了及时的回应和互动。

可是,此次召回事件却对达能婴幼儿营养品在亚洲地区的销售带来了极大的影响。再加上之前被揭发出的不合规的医疗营销,以及违法的垄断销售行为,三个问题同时爆发,多美滋中国终于被压垮,其净销售额从2012年的56.83亿元跌到2015年的4.17亿元,三年时间就减少了52亿元;同时,自2013年后,多美滋中国便陷入了亏损状态。

企业发生了一件危机事件,处理不当,很容易引发一连串问题。在连锁反应的作用下,初始危机很有可能会引发更大的危机。因此,在初始危机爆发时,管理者要尽快采取积极有效的控制措施,对其可能引发的相关危机做出预测与防备。

第九章 品牌建设创新管理

1. 派克法则——品牌的知名度就是财富

在市场竞争日益激烈的今天,为了打造自己的品牌,很多企业都运用了"名人效应"。虽然说名人本身并不能增加财富,却可以将消费者的注意力吸引过来,帮助产品扩大影响力和知名度,提高消费者对产品的购买欲望。

派克公司创立于1888年,生产的派克牌金笔深受消费者的欢迎和喜爱,是同行业中的佼佼者。派克并没有满足于已经获得的成绩,为了占领更多的市场,对自己的产品进行了不断改进,虽然销售量有了一定的提升,却没有取得预期的效果。

为了增加产品销量,公司召开了动员大会,让人们集思广益。有人提议:借助名人的名气,扩大产品影响力,增加产品销售量。公司采纳了这一建议,在1943年派克为欧洲战区的司令官艾森豪威尔送去一份礼物——一支派克金笔。这支金笔价格不菲,开关别致,还镶有四颗纯金制作的星星,代表了艾森豪威尔将军的四星上将军衔。

两年后,艾森豪威尔将军用这支金笔签订了"二战"和约,派克金笔的知名度大大提升,消费者都争先恐后地购买。如此,不仅金笔获得了极高的销售量,还成功带动了公司其他产品的销售,公司的效益急剧上升,

第九章
品牌建设创新管理

发展迅速。到 1945 年时，派克已经在 14 个国家成立了分公司，拥有上百家的专卖店，员工超过 7000 人，成为当时规模最大、品牌最好的文化用品企业。

派克公司的这一品牌建设方法，其实就是我们这里所说的派克法则。派克法则告诉我们，名气就是财富。为了提高影响力，完全可以借助名人的知名度来打造自己的品牌。

消费者通常都有一种爱屋及乌的心理，只要喜欢其一名人，或者对某一名人有好印象，就会对他代言的产品产生好感，继而产生信赖感。抓住消费者的这种心理，就可以促进销售，增加企业和产品的知名度。

塞万提斯在《唐吉诃德》中说：美名胜过财富。对于企业来说，好的声誉就是财富！

品牌知名度是一种潜在顾客认识到或想起某一品牌中某类产品的能力，可以创造出更大的价值，是品牌赖以存在的基础，是品牌实力与专注的象征。

什么样的产品最让人依赖？有实力的产品、专注力强的产品。如果企业的业务已经发展了一段时期，产品销售范围广阔，就表明该品牌是成功的。有些企业之所以会提出"××行业领导品牌""××行业缔造者""××行业领袖"等品牌口号，就是要告诉别人：在这个领域，我是最好的！

企业之所以要开展品牌建设工作，就是为了扩大品牌影响力和知名度，吸引更多的消费者，最终产生消费，形成"品牌知名度—消费—品牌知名度提升—消费提升"的良性循环。可是，企业知名度究竟是如何从账面上直接体现出来的，财富的大小是无法估量的。企业只有不断提高知名度，才能从观念上占据消费者的心理，继而占领市场。

2. 拉图尔定律——给你的产品起一个好听的名字

拉图尔定律是指，好的产品名字也许无助于劣质产品的销售，但是坏的名字却会让优质产品滞销。给产品或品牌取个好听的名字，也是品牌取得成功的一种重要方法。

这一定律由法国诺门公司德国分公司负责人苏珊·拉图尔提出，其告诉我们，要想打造好的品牌，就要为你的产品起个好听的、有意义的名字。

在娃哈哈集团的品牌中，"娃哈哈""非常"都极具创意。

"娃哈哈"名称起源于一首知名儿歌："我们的祖国像花园，花园里花儿真鲜艳……娃哈哈，娃哈哈，每个人脸上笑开颜。""娃哈哈"容易传播，大众化，亲和力强。有些人从品牌视觉联想角度出发，认为娃哈哈是一个儿童专属品牌，不适合向成人产品延伸。娃哈哈集团则认为，娃哈哈并不限于儿童，而是一个儿童、成人的通用性品牌。在产品开发和市场推广实践中，娃哈哈努力淡化其儿童概念，为品牌创造了一个更大的发展空间。

"非常"是娃哈哈集团的另一个品牌。"非常"很响亮、大气、时尚、优越、欢乐。使用"非常"品牌名，不仅有效弥补了"娃哈哈"概念上的不足，还拓宽了集团品牌的定义域；更为重要的是，要想挑战可口可乐，用"娃哈哈"品牌是无法显示出其气势和差异的，就中文名称而言，"非常"要超过"可口"和"百事"。

正是因为有了如此极富创意的品牌名，娃哈哈才成功占据了市场。为产品起个好名字，也就掌握了打开市场的金钥匙，可以提高产品在市场中的影响力，形成一种无形的引力磁场，帮助产品或品牌成就辉煌业绩。

产品名字是一种符号，代表了取名者的道德修养、文化水准和对产品寄托的希望，是一笔宝贵的文化财富。同时，还反映了品牌的文化品位。随着品牌的创建和品牌形象的树立，作为品牌有机组成部分的名字，也会变成一笔重要的无形资产。

名字，是产品的重要标志。好的品牌命名不仅充满了生机和活力，还有极强的诱惑力，能够深深根植在消费者心中；之后，消费者一旦产生了相关需求，就会直奔名称而去。

名字赋予了商品灵魂，代表着整个企业的文化和理念。如果一个名字能够让人回味，这个品牌名就是好名字。优秀的企业都会为自己的产品设定一个好名字，下面是几大著名的商标名字案例：

KEA（宜家）。这个名字由创始人 Ingvar Kamprad 命名。由他名字的首字母 I. K.，加上 Elmtaryd and Agunnaryd（他长大成人的农场和村庄）组成。宜家名字的来源，起源于作者名字以及当时的愿景。

Google（谷歌）。此名字取自数学术语"googol"一词，指的是 10 的 100 次幂、"巨大的数字"，书写形式是数字 1 后跟 100 个零，可以用来代表"在互联网上可以获得的海量的资源"。

Starbucks（星巴克）。星巴克来源于某部小说，小说中的名字往往意味着商品的意义。在美国作家梅尔维尔的著名小说《白鲸》中，有一艘捕鲸船，大副很喜欢喝咖啡，他叫"Starbuck"。为了唤起人们对大海浪漫的记忆，纪念早期咖啡商人远航海外做咖啡豆贸易的传统，便直接起名"Starbuck"（星巴克）。

Amazon（亚马逊）。创始人 Jeff Bezos 的想法很简单，取个"A"开头的单词，公司就会出现在字母表的顶端；而世界上流量最大的河亚马孙则符合他对公司未来成为"世界第一"的期待。

火狐（也叫小熊猫）。Mozilla 浏览器的早期版本曾起名为"火鸟"，后来发现有个开源项目已经叫了这个名字，就改名为"火狐"。这个名称也是小熊猫的别名，既好记又好听，别具一格。

产品名称对消费者的选购会产生直接影响，品牌名称带给企业的知名度是无法估量的，要想确定品牌名称，就要精心设计，慎重选择。只有设计独特、易读易记、富有艺术和形象性的产品名称，才能在最短的时间里吸引消费者的注意力，诱发出他们的兴趣和想象力，为消费者留下深刻印象。

品牌名称是品牌文化的最直接体现，是品牌之魂。任何品牌都有一个名称，名称是品牌之魂，体现了品牌的个性和特性。不同企业生产的同一种类型产品，人们无法一下子把它们区分开来，而通过品牌名称，却能容易地将它们加以区分。好的产品名字,都是具体的、独特的。

3. 赫斯定律——广告最好不要超过12字

赫斯定律提出者是澳大利亚广告家 H. 赫斯,他告诉我们:广告字数超过 12 个,读者的记忆力就会降低 50%。因此,做广告,文字最好不要超过 12 个字。

农夫山泉股份有限公司,成立于 1996 年 9 月,发展三年后,其生产的瓶装饮用水就跃居市场第一。农夫山泉之所以能在激烈的"水战场"迅速突围,原因之一就是采用了独树一帜的传播策略。

在 1998 年的中国饮用水市场,娃哈哈、乐百氏等各类品牌在市场上拼命厮杀。刚刚进入市场的农夫山泉势单力薄,根本就无法撼动娃哈哈和乐百氏等业界老大的地位;同时,农夫山泉从千岛湖取水,运输成本本来就很高。农夫山泉意识到:要想占据市场,就要走差异化之路。

经过一番策划后,广告"农夫山泉有点甜"出现在了人们的视野中。该广告一投入市场,就引发了轩然大波。这则广告的画面中,是一幅美丽淳朴的千岛湖风景图画,山高水长,落英缤纷,绿意盎然,湖水纯净;同时,还用大量的笔墨刻画出一个农家小孩饮用湖水后的甜蜜微笑;最后,用画外音"农夫山泉有点甜"画龙点睛。

"有点甜"这三个字的出现,让消费者产生了一种美好的感觉。"甜"代表着甜蜜、幸福、欢乐,这是中国人终生的追求,农夫山泉巧妙抓住这一点,说:"我,有点甜。"就是要告诉消费者:"我,是你的追求。"这种诱惑力极强的语言成功捕获了消费者的心。只要一想到"有点甜",就会联想到"农夫山泉"。

企业对产品进行宣传,就是在跟消费者的记忆进行一场战斗。企业想努力占据消费者的大脑,而消费者则在不断地排斥无用信息。只有简单的广告,才能让消费者想起来。否则,字数太多,谁会花时间记住这么长的

第九章
品牌建设创新管理

广告词?

美国《广告时代》杂志曾对20世纪全球广告业做过一次回顾性评选,排在前十名的是:

1. 德国大众:小即是好。
2. 可口可乐:享受清新一刻。
3. 万宝路香烟:万宝路的男人。
4. 耐克:说做就做。
5. 麦当劳:你理应休息一天。
6. 迪比尔籤:钻石恒久远,一颗永留传。
7. 通用电气:GE带来美好生活。
8. 米勒牌淡啤酒:美妙口味不可言传。
9. 克莱罗染发水:她用了?她没用?
10. 艾维斯:我们正在努力。

上面的这些广告都没有超过12个字,而这也体现了赫斯定律的正确性。

仔细想一下就知道,企业做广告使用的都是"广告词"或"广告语",从来都不会使用"广告文",这就是说,广告应该是一句话或几个词,而不是一段话或一段短文。

在针对消费者的一系列广告策划活动中,让人容易记忆至关重要,是广告能否取得效果的关键。成功的广告语言通常都能给人留下深刻的印象,延长信息在人脑中的储存时间,否则即使广告制作得再精良,也起不到预期效果。

只要企业能在消费者脑海中建立起记忆点,在这场战斗中,就会获得更多的获胜机会。所谓记忆点创造法就是,将企业产品最具差异化、最简单易记的品牌核心诉求提炼出来,把企业传播的力量集中在这一点上,让这一点深入到消费者的记忆深处,建立起无法消除的信息据点。这个据点代表了产品在消费者心中的位置,决定着产品在市场上的品牌地位。

4. 布里特定理——质量再好的产品也要传播出去

布里特定理由英国广告学专家 S. 布里特提出，指的是：商品不做广告，就像姑娘向小伙暗送秋波，只有她自己知道。只有将产品传播出去，才能提高影响力。好的广告能诱导消费者的兴趣和感情，引起消费者购买该商品的欲望，直至促进消费者的购买行动。

有这样一个事例：

某烟草公司派一名推销员去海湾旅游区推销公司的"皇冠牌"香烟，可是，当推销员到达那里的时候，该地区的香烟市场已经被其他烟草公司所占领，推销员非常泄气。

一天，他看到一块牌子上写着"禁止吸烟"，脑中灵光一闪，便制作了多幅大型广告牌，广告牌上写着四个大字——"禁止吸烟"，下面加着一行字："'皇冠牌'也不例外"。结果，吸引了游客的注意，游客竞相购买"皇冠牌"香烟，为公司在该地区打开了销路。

广告，可以把企业产品或劳务信息借助一定的媒介传递给消费者，沟通商家和顾客的信息，强化顾客对商品的印象，使顾客明白哪些商品能够满足自己的需求，进而重新选择自己需要的商品。在现代社会，企业要树立市场营销观念"酒香也得吆喝着卖"，不能固守传统观念。

1992年3月"舒肤佳"进入中国市场，其实早在1986年进入中国市场的"力士"已经牢牢占据了香皂市场。可是，"舒肤佳"一上市，只用了短短几年时间，就硬生生地把"力士"从香皂霸主的宝座上拉了下来。2001年的数据显示，舒肤佳的市场占有率是41.95%，比位居第二的力士高出14%。

舒肤佳之所以能够取得这样的成绩，关键就在于，找到了一个新颖的"除菌"概念。

在中国人刚开始用香皂洗手时，舒肤佳就开始了它长达十几年的"教育工作"，告诉人们怎样才是将手真正洗干净了——看得见的污渍洗掉了，看不见的细菌你洗掉了吗？

在营销过程中，舒肤佳以"除菌"为中心，将"有效除菌护全家"作为目标；同时，还在广告中通过踢球、挤车、扛煤气罐等场景告诉消费者：人们不仅会在生活中感染很多细菌，放大镜下的细菌更会令人胆战心惊；然后，舒肤佳又通过"内含抗菌成分'迪保肤'"实验，证明舒肤佳可以让人们将手洗干净，通过"中华医学会验证"增强了品牌信任度。

广告是企业的一种有效营销策略组合，在营销策略中占据着无可替代的地位；广告也是企业在市场上提高竞争力和占领市场的必备武器，在整个营销环节中的作用十分突出。企业宣传产品信息及树立品牌形象都要依赖于广告，所以广告策划的优劣直接影响着产品或服务在市场上的竞争力和市场份额，更决定着企业在未来的生存能力。

作为一种保健品，"脑白金"在极短的时间内迅速打开市场，仅用了2~3年的时间就创造了十几亿元的销售奇迹。可是，这并不是医药保健品销售史上的偶然，抛开人们对"脑白金"的多方评论，完全可以从中发掘出"脑白金"广告的成功要素。

"今年过节不收礼，收礼只收脑白金"，这句广告语读起来虽然朗朗上口，但似乎存在明显的语法错误，但就是这样一句话却让老百姓都知道了一种名为"脑白金"的保健品，也让消费者感受到了"脑白金"广告强大的攻势，"脑白金"三个字已深入人心。

作为一种与消费者联系最为密切的商业活动，广告对现代经济与社会产生着极大的影响。如今，广告在市场上已经成为宣传产品和树立形象的最为重要的传播手段之一。

5. 伯内特定律——要占领市场，先占领顾客头脑

在市场竞争日益激烈的形势下，产品缺少创意，即使老品牌，也会在

市场上销声匿迹。只有敢于创新，善于创新，才能获得发展商机。美国广告专家利奥·伯内特告诉我们，只有占领了消费者的头脑，才能占有市场。这就是著名的伯内特定律，即只有先占领消费者的头脑，才能激起消费者的购买欲望。

在纷繁复杂的市场大环境中，机遇到处都有，只要管理者擦亮眼睛、嗅觉灵敏、头脑聪慧，就能把握商机、开拓商机；只有敢想、敢说、敢干、敢于创新，跟上时代潮流，才能具备超前意识。记住，只有占领消费者的头脑，才能将市场的指挥棒掌握在自己手中。

新中国成立前，南京有家叫鹤鸣的鞋店，牌子虽然比较老，但顾客不多。为了提高知名度，老板努力思考，最后他经过仔细观察发现，很多店铺都在使用广告推销商品，他也决定做广告宣传。

为了找到能够打动消费者的广告，店老板左思右想。账房看到这个情景，提出了自己的建议："在最大的报社登三天广告，问题就能解决。第一天只登个大问号，下面写一行小字：欲知详情，请见明日本报栏；第二天同样如此；第三天揭开谜底，写上'三人行必有我师，三人行必有我鞋——鹤鸣皮鞋'！"

老板觉得有道理，采用了这个建议。广告一经登出，果然吸引了大众的注意力，鹤鸣鞋店的知名度快速提升。

做广告，不仅要加深大众对广告的印象，还要掌握大众的求知心理。故事中的账房先生充分利用了人们猎奇的心理，大吊胃口，最后让人恍然大悟。这则广告虽然做得比较简单，但敢于标新立异、冲破传统观念，取得了极大的成功。

当然，要想占领消费者的头脑，除了广告外，提供差异化的产品也是一个重要方法。前者是宣传已有产品，后者则是创造没有的产品。二者要想成功，就要首先占领消费者的头脑。

管理大师德鲁克说：企业的宗旨只有一个，就是创造顾客。有差异才能有市场，因此从某种意义上说，创造了差异，也就占领了市场。

第九章
品牌建设创新管理

波司登从自己的产品出发,认真分析了其功能属性和市场位置,结合消费者的个性需求,为迪士尼系列新品确定了"梦幻"的关键词,不仅在材质和剪裁上实现了创新,还在设计上提高了传播性,通过印字、织带等点缀标饰来展示迪斯尼元素,个性鲜明,消费者完成购买行为后,通过社交行为,就能直接带来品牌的二次传播。

营销时代,给人们带来了新的理念,依然沉浸在过去的营销理论中,就会渐渐被新的营销者所击败。20世纪90年代,很多人都觉得,营销就是满足消费者的需求,就是把产品卖给消费者。这些理论在当时确实发挥过作用,可是在移动互联网盛行的今天,仅靠满足消费者需求而成功的企业少之又少。今天的消费者异常善变,稍不留神就会溜走。只有占据他们的大脑,才能让他们成为你的忠实客户。

原因何在?当今时代产品泛滥,一个产品可能有上百种品牌,甚至上千种品牌,而消费者只能选择其中一个。其实,这些产品从本质上来说并没有差别,要想满足消费者的需求,企业就要想办法让自己的产品独具差异化。因此,要巧妙利用营销,把相同的产品卖出不同来。当然,仅卖出不同还不行,关键还要卖到消费者的大脑中,占领消费者的内心。这就是国际品牌的营销战略,先占领消费者的大脑,再卖产品。

如何占领消费者的大脑?答案就是,找准一个产品价值点,把所有的资源、广告、人力、物力等都集中在这个点上,坚持下去,造就一个有价值的品牌,突出自己。比如,海飞丝洗发水,宣传和资源都聚焦在"去屑"上,率先占领了消费者的大脑,成为去屑洗发水的第一品牌;沃尔沃轿车聚焦于"安全",不断地围绕这个点做宣传,最终成为安全轿车第一品牌;王老吉聚焦于"去火",抢占了消费者大脑中去火的心智资源,成为去火饮料第一品牌……消费者的大脑容量有限,一个产品最多能记住五个左右的品牌,因此大脑之战是未来的终极竞争战场。一旦占领了消费者的大脑,就无法被其他品牌打败,除非自己在战略上出现重大失误;谁占领了消费者的大脑,谁就能成为未来的霸主!

6. 项链定律——对产品进行持久、统一的推广

对于企业来说，品牌的宣传和推广并不是孤立存在的，每次推广都有一种内在联系。如果把每次的推广比作晶莹剔透的珍珠，那么它们之间的联系就是一条长长的线，只有用线把所有的珍珠串联起来，才能组成一条光彩夺目的项链，这就是品牌传播中所谓的"项链定律"。

持续而统一的品牌传播是品牌成功的不二法宝，项链定律告诉我们，企业要想提高影响力，就要不断地进行品牌传播。

2016年5月，美赞臣超高端奶粉品牌蓝臻，用微信新功能朋友券推出了线上"蓝臻试用体验"活动。活动上线不久，用户就来纷纷抢购。

朋友券是微信推出的一款新功能，用户领取"朋友券"后，就会直接以共享的形式展示在微信"我的优惠券"里。也即是说，用户只要领取朋友券，就可以直接在朋友圈使用；同时，"朋友券"还有一个快速接口，可自定义链接到自己的H5页面或在线商城。

美赞臣新出的全新奶粉蓝臻，不仅使用了突破性配方，还贴近用户需求，营销上还使用了新思路，针对"80后""90后"群体的社交媒体特性，与微信朋友券合作，开展了新的营销。其利用真人人际关系，通过真实评论，让消费者能够找到真正满意的产品，打造真口碑，帮助产品传播，迅速吸引潜在用户。

微信朋友券功能上线后，使用该功能的大品牌不太多，母婴界更是少之又少，美赞臣蓝臻奶粉在业界率先推出该功能，活动机制令人耳目一新。

作为一个百年品牌，美赞臣在母婴产品中的排名其实一直都处于前列。在产品上，美赞臣对品质制定了严格的要求，为了不断满足妈妈们的需求，产品更贴近天然营养，获得了无数好评；在营销手法上，不仅在"美赞臣中国"官方微信账号中将不同产品的信息推送给有意向的会员，还在新品发布后将会员在微信菜单操作界面定制的不同服务内容呈现出来，会员只

第九章
品牌建设创新管理

要进入"美赞臣中国"微信账号，就能看到不同的菜单内容，选择定制服务。

除此之外，美赞臣还与腾讯展开了多项创新战略合作，比如奶粉理财产品跨界，腾讯用户只要存理财通，就能获取相应积分，免费兑换美赞臣新品蓝臻奶粉，实现三赢。

品牌推广要为更广阔的背景提供服务，涉及的问题是多层次的，影响着公司与消费者的关系。品牌推广的思想是，努力在用户面前提高企业形象、产品、服务等方面的可信度，最大限度地提高客户的偏爱度和忠诚度。对于新产品来说，要想在短时间内建立较高的品牌知名度，就不能直接给消费者以大品牌的感觉，要重视品牌宣传工作，给渠道树立一种信心，在渠道建立一定的知名度。

创业型公司通常产品知名度都不高，市场渠道比较小。那么，可以使用的产品推广策略都有哪些？这里，我们给大家提供四大推广策略，以供参考。

产品导入期的推广策略。这一时期，产品刚进入市场，企业可以通过一些公开活动将产品信息提前曝光，也可以用促销手段让利于民，吸引消费者的注意力。这一时期的推广策略核心是，树立产品形象。

产品成长期的推广策略。经历了产品导入期后，就是产品推广期。这一时期的推广可以停止以往的产品促销活动，最大限度地保障利益，树立产品的形象。在这一过程中，推广人员最为重要的工作是进行产品品牌的公关宣传，快速提升产品知名度。不仅可以使用传统的电视推广、电台推广、报纸推广，还可以使用新兴的互联网推广。

产品成熟期推广策略。产品到达成熟期后，市场份额基本上已经确定下来。这时候，可以适度地减少产品推广费用，保证企业的最大获利值。但是，也要保持基本的推广投入，提高产品知名度。

产品衰退期的推广策略。优胜劣汰是企业生存的基本原则，任何产品都会进入衰退期，进入衰退期后可以利用各种促销方式进行产品的清空。

在历史中，总有些品牌能够通过创新、改变营销策略等方式焕发出新的生命力。

总之，在产品的不同时期只有采用不同的推广策略，才能确定产品推广的高效性与高质量。

7. 达维多定律——勇做创新第一人

达维多定律的提出者是曾任职于英特尔公司的高级行销主管和副总裁威廉·H.达维多。达维多认为，企业如果想在市场上占据主导地位，就要不断地开发新产品，以第二、第三名次将新产品推进市场，获得的利益远不如第一家。事实证明，市场第一代产品能自动获得50%的市场份额，即使产品可能还不完善；而后出现者，占据的市场份额就会少很多。

英特尔公司的微处理器性能不是最好的，速度也不是最快的，但是英特尔始终都是新一代产品的开发者和倡导者。1995年为了避开IBM公司的Power PC RISC系列产品的挑战，英特尔故意缩短了486处理器的技术寿命。这一决定代表了英特尔的一个长期战略，即运用达维多定律方法，比对手提前一步生产出速度更快、体积更小的微处理器；然后，一边减少旧芯片的供应量，一边降低新芯片的价格，使电脑制造商和用户跟着自己走。使用这种战略，英特尔把许多竞争对手都远远抛在了后面，因为竞争对手生产出的产品都无法达到英特尔制定的新标准。

达维多定律的理论基点，着眼于市场开发和利益分割的成效。在市场竞争中，企业都在抢占先机，因为只有先入市场才能获得较大的份额和高额利润。达维多定律告诉我们：只有不断创造新产品，及时淘汰老产品，使成功的新产品尽快进入市场，才能形成新的市场和产品标准，从而掌握制定游戏规则的权利。

如何做到这一点呢？前提是，要在技术上永远领先。企业只能依靠创新带来的短期优势获得高额利润，仅靠维持原有的技术或产品优势，无法获得长远发展。

e袋洗是第一个以洗衣为切入点进入家政领域的平台，面对的顾客主要是"80后"，洗衣按袋计费，装多少洗多少。

e袋洗将幸福感作为商业模式的核心和主导，推出了新品小e管家，通过邻里互助去解决用户需求，满足居民幸福感。之后，小e管家还推出了小e管接送小孩、小e管养老等服务，以单品带动平台，从垂直生活服务平台转向社区生活共享服务平台，保证C2C两端供给充足。

搭建成熟的共享经济平台后，e袋洗延伸出更多的家庭服务生态链，打造出一种邻里互动服务的共享经济生态圈。集合社会上已有的线下资源，通过移动互联网实现标准化、品质化转变，帮人们获得更便利、个性的服务。

具有一种强烈的忧患意识、时不我待的紧迫感和危机感，及时把握创新的机会，是成功企业的必备条件。优秀的企业时刻都有一种危机意识：与其让别人迫使自己的产品被淘汰，不如淘汰自己的产品，主动适应市场的变化，获得市场主导权。

如今，为了成为行业领袖，很多企业都在利用达维多定律有意识地淘汰旧产品。因为，企业的出路只有两条：不是迅速发展，就是破产倒闭！要保持领先位置，就要时刻否定并超越自己，勇做创新的第一人！

8. 莫尔斯法则——比竞争对手多一点"新花样"

莫尔斯法则的要义是：持续竞争的唯一办法就是超越竞争对手的创新能力。提出者是著名管理顾问詹姆斯·莫尔斯。此法则启发我们，要想建设好的品牌，就要比竞争对手多一些新花样。

培训班上，企业精英端正地坐着，等着听管理教授给他们讲授企业运营的报告。

门开了，教授走进来。他左手提着个大包，右手擎着一个涨得圆鼓鼓的气球。精英们感到很奇怪，但依然有人拿出笔和本子，准备记下教授精辟的分析和坦诚的忠告。"不！"教授说，"你们不用记，只要用眼睛看就足够了，报告很简单。"

教授从包里拿出一只开口很小的瓶子，轻轻地放在桌上，然后指着气球对大家说："谁能告诉我，怎样把这只气球装到这只瓶子里？当然，你们都不能这样，嘭！"教授滑稽地做了个气球爆炸的手势。

精英们一个个面面相觑，不知教授究竟要做什么。这时，一位干练的女士举手，说："我觉得，可以将它的形状改变一下……"

"改变它的形状？嗯，不错，你能为大家演示一下吗？"

女士走到台前，拿起气球，小心翼翼地捏来捏去，想利用橡胶柔软可塑的特点，把气球一点点塞到瓶子里。可是，真正做起来却不容易，所有的努力都是徒劳的。最后，她放下手里的气球，说："很遗憾，我的想法行不通。"

教授接着问："还有人要试试吗？"没人回答。

"好吧，让我来试一下。"教授拿起气球，解开气球嘴上的带子，"嗤"的一声，气球成了一个软塌塌的小袋子。教授把小袋子塞到瓶子里，只在外面留下吹气的口儿，然后用嘴衔住，吹气。很快，气球就鼓了起来，涨满瓶子。最后，教授用带子把气球嘴儿扎紧。教授露出了满意的微笑："瞧，只要改变一下方法，问题就能解决。"

教授转过身，在写字板上写了个大大的"变"字，说："遇到难题的时候，如果无法解决，可以找找其他方法。"之后，他又指指自己的脑袋，说："思想，非常重要。这就是我今天要告诉大家的。"

只要拥有了超过竞争对手的创新能力，也就拥有了可持续竞争的唯一优势。打破瓶子，代表的是打破旧观念的束缚，这里包含着一种自我否定、自我超越、置之死地而后生的勇气，不仅需要革新的智慧，还需要坚定的信念。1950年在阿肯色州的本特维拉市有家名为"沃尔顿"的小店开业，在之后近半个世纪的经营中，创始人萨姆·沃尔顿把"尽可能地向消费者提

第九章
品牌建设创新管理

供最低价位的商品"作为经营宗旨，将小店经营成了世界著名的零售企业沃尔玛。而沃尔玛的成功，就得益于一个简单而平凡的道理——天天平价。

"天天平价"是沃尔玛最大的竞争优势，它是怎样实现"天天平价"承诺的呢？其实，支撑"天天平价"这一承诺的是由计算机系统支持的物流体系。

高效率的配送中心。供应商会根据各分店的订单将货品送到沃尔玛的配送中心，配送中心会认真筛选商品，完成包装和分拣工作。配送中心备有高度现代化的机械设施，这里的商品85%都采用机械处理，减少了费用与时间。

快速的运输系统。沃尔玛共拥有30个配送中心，两千多辆卡车，在48小时内商品就能从仓库到商店，分店货架平均一周可以补两次，大大节省了存贮空间和费用。

先进的卫星通信网络。卫星通信网络系统的应用，让配送中心、供应商和每家分店的每个销售点都形成了连线作业，仅用数小时就能完成"填好订单→各分店订单汇总→送出订单"整个流程，提高了营销的高效性和准确性。

在完善的物流体系支持下，再加上出色的管理，沃尔玛对时间优势的发挥达到了极致——获得了超过同行三倍的增长率，利润是行业平均水准的两倍多，形成了整体强大的竞争优势。

如今，很多企业都抱怨市场越来越难做，总觉得自己早做几年就好了。其实，每年业务都很难做，因为我们始终都处在一个动态平衡的竞争中。要想赢，就必须比竞争对手做得更好！多数时候，不求做得最好，只要做得比竞争对手更好一点、更早一点就可以了。

9. 波特法则——不走寻常路，对手才能无法效仿

美国哈佛商学院教授 M. E. 波特提出，最有效的防卸，是从根本上阻止

战斗发生。也就是说，只有独特的定位，才能获得独特的成功；要想让对手无法效仿，就要不走寻常路。

品牌的成长会经历无数决策。正是因为有了每个岔路、每次选择，才成就了今天的品牌形态。波特法则认为，要想让品牌建设取得成功，就要对自己的品牌合理定位；让对手无法效仿，只有这样，才能具有持续发展的力量。

如今，只要走进美国任何一个初具规模的机场租车区，都能看到爱维斯汽车租赁公司、赫斯汽车租赁公司等的柜台，还能看到很多小汽车租赁公司的柜台。可是，却没有奋进汽车租赁公司的柜台。

但是，奋进总能比其他有名气的竞争对手获取更多利润，即使它的租金要比对手低30%左右。如何解释这种现象呢？为什么其他汽车租赁公司没有像奋进汽车租赁公司那样去做呢？决策不同！

爱维斯和赫斯将自己的客户定位于飞行旅游者，而奋进则主要为还没有买到汽车的人提供服务。要租用汽车，客户就要支付一定的租金，价格就成了客户的重要考虑因素，同时还要考虑保险公司是否会理赔。为了吸引客户，奋进就有意识地裁减了各种可能增加成本、客户不愿意付费的项目。比如，将店面设在租金便宜的郊区，让汽车服务年限长于其他竞争对手，很少做广告……虽然客户付费不多，但是节省的开支大大超过了收费低廉而造成的损失。

正如英国布莱克所说"独辟蹊径才能创造出伟大的业绩"。要想正确判断一种需求、一个新产品的入市前提条件，依赖的就是市场定位。

美特斯·邦威将自己的目标客户确定为18~28岁的年轻人，他们热情四溢、个性张扬、渴望展现真实的自我、想证明自己的存在、不愿意随波逐流……公司创立时，美特斯·邦威就明确了自己的品牌定位和消费人群。美特斯·邦威为这一群体传递了一种别具一格的、能证实自己的生活主张，将他们的独特个性充分展现出来。

在国内休闲服装市场，设计、面料日趋同质化的前提下，品牌个性便显得更为重要，品牌形象所传递的品牌个性就成为"时尚"的关键因素。美特斯·邦威紧密围绕品牌的定位、价值与个性，通过产品设计、产品陈列、店铺设计、广告投放、签约代言和各类营销活动，借助目标消费群体关注的国内外各类公众、时尚事件，进行高频率、多层次的整合营销活动，把自己适时塑造成了"不走寻常路"的品牌形象。

这种品牌形象在美特斯·邦威的代言人身上得到了充分展现，各个代言人都是引领时尚活力的典范。比如周杰伦外表很酷，充满个性，内心细腻，擅长用音乐传递感情，就是年轻一代酷辣形象的最佳体现；张韶涵清丽婉约，长相甜美可爱，更是年轻人喜欢的对象。

只有依靠需求定位而获得最可靠的依据，生产出来的产品才能得到市场的认可。在企业发展竞争中，要想获得更广阔的发展空间，就要不走寻常路。

10. 杜根定律——真正的强大蕴藏在心中

D. 杜根是美国橄榄球联合会前主席，他曾提出这样一个说法：强者不一定是胜利者，而胜利迟早都属于有信心的人。这就是心理学上的杜根定律，其告诉我们：真正的强大都蕴藏在人们的心中。

有个年轻人因为工作的关系经常出差，总是买不到对号入座的车票。可是，无论长途短途，无论车上多挤，他总能找到座位。他是如何做到的？办法很简单，他总会耐心地一节车厢一节车厢找过去。

这个办法似乎不高明，但却很管用。每次上了火车，他都会做好从第一节车厢走到最后一节车厢的准备，可是通常都用不着走到最后就会发现空位。因为像他这样锲而不舍找座位的乘客不多，总是在他落座的车厢里还有一些座位，而在其他车厢的过道和车厢接头处居然有很多人站着。

大多数乘客都会轻易就被一两节车厢拥挤的表面现象迷惑，没人会想到，在数十次停靠之中、在上上下下的流动中，却蕴藏着很多有空余座位的机遇。有些人即使想到了，也没有寻找的耐心。

满足于眼前的小小立足之地，人们通常都不会为了一两个座位而背负着行囊挤来挤去。因为，他们总是担心：如果找不到座位，回头连个站着的地方都没有了。可是要知道，不愿主动找座位的人大多只能一直站到下车，而自信、执着、富有远见、勤于实践，则会让我们拥有一张人生之旅的永远坐票。

自信比什么都重要！

企业的品牌打造只有两种状态：繁荣或者衰败。繁荣时，人们就会觉得企业品牌会永远发展下去，自己无往不胜，就会大胆地规划品牌的创新愿景；衰败时，就会觉得衰败永无止境。其实，品牌处于低谷期，正是企业一蹶不振的重要原因。

任何企业、团体、个人都可能被卷入幸运或不幸的循环，导致成功或失败的原因往往是你的信心。信心是品牌打造的桥梁，连胜期信心不断上升，成功就会陆续到来；连败期，信心不断地被侵蚀，品牌也就无法止住失败的态势。只有具备强大的内心，才能逆转这种失败的循环。